なぜ、人は操られ支配されるのか

西田公昭
NISHIDA KIMIAKI
立正大学心理学部教授

さくら舎

目次◆なぜ、人は操られ支配されるのか

プロローグ　あなたは支配されやすいか

第1章　人はラクをしたい生き物

1　なぜ線引きをしたがるのか

3　騙しのテクニックと騙される心理

第5章　「人間支配」の事件はなぜ起きたか

1　破壊的カルトの極北「オウム真理教事件」

2　「尼崎連続変死事件」にみる個人カルト

エピローグ　自分を見失わないために

なぜ、人は操られ支配されるのか

プロローグ　あなたは支配されやすいか

身のまわりにある「支配」関係

20代の社員が多いスタートアップ企業に勤めているAさん、じつは社長が苦痛です。会社は同世代の社員が多いだけあってサークルのようなノリで楽しいのですが、社長が課す業務ノルマや指導がきつく、できない人は社長から厳しい叱責《しっせき》や追及を受けるのです。

「また社長に呼ばれた。責められてばかりだ。でも、頑張らないと」

Bさんは結婚して2年。恋愛結婚した夫のことは大好きで、周囲からも仲のよいカップルといわれています。ただ結婚してから、夫はBさんの行動にあれこれ口を出して、指示するようになりました。Bさんはそれがちょっと不満ですが、夫のいうとおりにしていればたいていうまくいくし、大好きな夫を喜ばせたい気持ちもあり、こんなものかと思っています。

「この件については彼に相談しないと。私だけでは決められないし」

小学生の子どもをもつCさんには、仲のよいママ友グループがあります。グループのリーダー格のDさんは話題が豊富で話もおもしろく、おすすめのコスメ情報なども教えてくれます。Dさんのようなママ友と親しい自分がうれしく、誇らしい気分です。

「Dさんが来週、ママ友でランチをしましょうって。用事があるけど、その日だけはなんとか空けなきゃ」

いかがでしょう、ご自分のこととして思い当たる人はいるでしょうか。あるいはまわりにこんな人はいるでしょうか。その人はすでに「支配する／される」の関係に取り込まれている可能性があります。

「こんなの、よくある話ですよね。『支配』なんてちょっと大げさでは？」

と思う人もいるでしょう。

もちろん、もっとスケールの大きな話、たとえば国家や政治体制、経済的な支配などもあります。が、「支配」の関係は、職場や学校、仲間内、家族間といった身近なところにもあるのです。

「支配」が生まれるとき

では、身近なところで「支配」の関係が生まれるのは、どういう場合でしょうか。

先に挙げたAさんの例で、まず、上司と部下の関係について考えてみます。

口うるさい上司がいて、あれやこれやいわれたとしても、そこで人権や人格が尊重されているなら、その上司のやっていることは健全な指導、人材育成だということができます。ですが、**部下が上司の意のままにされていて、自分の考えをいうことも、自分で行動を決めることもできないとなると、**それはいわば奴隷《どれい》状態。**「支配する／される」の関係になっています。**

昨今よく問題になる「パワハラ」、パワーハラスメントはこの典型で、実態はいじめや嫌がらせです。

では、その次のBさんの例で、困ったときに相談したり、意見を聞いたりする人との関係はどうでしょう。

何か問題や悩みがあって、自分で考えても答えが出ないとき、尊敬する人や信頼している人に話を聞いたり相談するのはよくあることです。もちろん、悪いことではありません。相手は恩師や先輩ということもあれば、自分の夫や妻ということもあるでしょう。

でも、そこで話を聞いて、「ちょっと違うのでは？」と思っても、そういう疑問を口に出せず、**いわれたとおりにしなければいけない関係なら、そこには「支配する／される」の関係ができています。**

自分で決められず、相手の意見を聞いてそれに従うのがクセになっているのも、かなりそれに近い関係でしょう。

あるいは、自分で考えることをせず、その人の話を聞いただけで、道が開けた気持ちになって、そのとおりにしてしまうなら、「支配される」側に進んで身を置いていることになります。話を聞く前から、相手の顔色をうかがって、自分の行動を決めてしまうような場合も同様です。

最後にCさんとDさんの例、ママ友などの仲間内の関係についてはどうでしょうか。

そういったグループでは、リーダー的な人がいると、たしかに何かと助かります。

でも、その人が自分の意見や都合を押しつけていて、**ほかの人たちは自分を犠牲《ぎせい》にしても、その人に合わせなければならないのなら、「支配する／される」の関係になっています。**

こうした関係ができあがっている場合は、自分の意見や都合をいうだけで、和を乱す人として扱われることもあります。

また、ここでも、多少の不満は感じても、任せておけばラクだからと、リーダー格の人のいうことにすべて「はいはい」と従っているなら、「支配される」側に甘んじていることになります。

人の心は意外に弱く、簡単にひっくり返る

では、次に視点をガラッと変えて、もっと大きなスケールの「支配する／される」関係を見てみましょう。

その関係は空気のように広く蔓延《まんえん》していることもあるので、そうだと気づかないこともよくあります。知らないあいだに支配されてしまうのです。

極端ですが、わかりやすい例を挙げましょう。

殺人という行為は正しいでしょうか、正しくないでしょうか？

みなさんは「正しくない」と答えるでしょう。

でも、戦争中はどうだったでしょうか。兵士は敵を殺すことを求められました。その人数が自慢《じまん》になったり、英雄扱いされたりもしました。歴史を振り返れば、先の大戦でもナ

チスのホロコースト（ユダヤ人大虐殺《ぎゃくさつ》）や旧日本軍の南京《ナンキン》事件あるいは大虐殺など、数多くの例が記されています。

兵士となるのは一般市民です。たいていの人は、人を殺すという行為を「やってはいけないこと」「悪いこと」とする社会に生きており、殺人行為には馴染《なじ》みがありません。戦時下とはいえ、どうして殺人などできたのでしょうか。

それは、支配者によって心を操られていたからではないでしょうか。戦争という極限状況や軍隊という特殊な集団の命令といった力が加わって、心が支配され麻痺《まひ》して、殺人は「やってもいいこと」「正しいこと」になっていたのです。

正常と異常、正しいことと正しくないことのあいだには、じつは絶対的な基準はありません。

絶対的な基準がなければ、そのあいだで人の心は揺れ動きます。つまり、支配しようと思えば、操ることができるのです。

うまく操られれば、善悪の価値判断や信じていることはクルッと反転します。人の心は、それほど弱いものなのです。

心を支配され、操られる危険性は誰にもある

気づかないうちに支配されていた、心が操られていたということは、想像する以上によくあることで、その形もさまざまです。

昨今よく聞く振り込め詐欺《さぎ》やオレオレ詐欺などの電話によるなりすまし詐欺、悪質商法などは、いずれもそのように心を操って支配する犯罪です。

特殊詐欺ともいいますが、電話によるなりすまし詐欺は「どこかでたまに起こっている特別な事件」ではありません。実際に、2018年度の特殊詐欺の被害状況は、認知件数1万6496件、被害総額363・9億円にのぼっていて、1件あたりの平均被害額は233・2万円でした。

それらは**マインド・コントロールによって心を支配し、操る犯罪**にほかなりません。

「マインド・コントロールなんてオウム真理教のようなカルト集団が使うもので、振り込め詐欺の手口とは別なのでは？」

と思う人が多いかもしれません。

ところがそうでもないのです。マインド・コントロールは、特殊詐欺や悪質商法に共通する騙《だま》し、つまり心の操作のテクニックを複合的に用いていて、被害者心理としては共通

する点がたくさんあります。

違いとしては、特殊詐欺や悪質商法は金銭を巻き上げた時点で目的が達成されていますが、オウムのような破壊的カルトは、被害者から金銭のみならずあらゆるものを半永久的に吸い上げることでしょう。

さらに、新しい信者の獲得《かくとく》活動をさせることもありますし、犯罪に加担させることもあります。オウム真理教の信者が実行犯とされる一連の事件は、その極端な例ということができます。

心を操作されるのは、悲しいことや苦しいことがあって心が弱っていたり、不安だったりするときです。そういうときに、詐欺師や悪徳業者、カルトの勧誘者は親切な顔で近づいてきます。

そこでカルトの勧誘に乗ってしまったとしても、もちろん本人は、そういうカルトだと知ってその中に入るわけではありません。

「ここなら救われる」「ここに答えがある」と思うのです。

「これまでの苦しみはこういうことだったのか」と納得できるのです。

「ここなら自分もよいことができる」と明るい気持ちにさえなるのです。

心が弱っているときにそんな希望の光が見えたら、その方向に引き込まれてしまう人は決して少なくないでしょう。

心を支配され、操られる危険性は、誰にでもあるのです。

テクノロジーや社会構造が変化するスピードが速く、先行きの不透明感が増す一方の現代、生きづらさを訴えたり、何を頼っていいのか、何を信じていいのかわからないという寄る辺《べ》なさを感じる人が多くなっています。

不安感が個人レベルだけでなく、社会全体を覆っているので、脆弱《ぜいじゃく》な心はさらに揺らぎやすくなっているともいえます。

本書では、支配につながる心の働き、人はなぜ何かを信じたがるのか、なぜ騙されるのかをさまざまな角度から考察して、どのようにすれば自分を見失わないでいられるのかを明らかにしていきます。

あなたの心の脆弱性テスト

それでも、「私は大丈夫。詐欺や悪質商法なんかに引っかかったりしないし、マインド・コントロールなんてされない」という人がいるかもしれません。

ここで簡単なテストをしてみましょう。

次の質問に「はい」「いいえ」で答えてみてください。

Q1）曖昧《あいまい》なことが苦手で、判断がつかないことがあるとイライラしたり、不安になったりする。

Q2）超絶にすごいと思えるほどに崇拝《すうはい》できる人との出会いを切望している。

Q3）いまの自分とは違う本当の自分を見つけたい。

Q4）熱狂的に盛りあがって、みんなで何かをなし遂げたり、みんなそろって同じように行動するのが好きだ。

Q5）意に沿わないことでも、頼まれたらはっきりと拒絶できないことがある。

Q6）カルトやマインド・コントロールの危険性についてはくわしく知らない。

Q7）占い、霊能力、超能力、死後の世界などの神秘的な世界を知りたい。

Q8）世界や宇宙には、じつは秘密の法則があり、それはすでに解き明かされているかもしれないと思う。

Q9） このところ、自分の人生や家族などのことで、なぜだかうまくいかないと気に病《や》むことがある。

Q10） いまの社会のあり方は誤っているので、真に正しい道を求めたいと思っている。

いかがでしたか。

これはマインド・コントロールに対する脆弱性を知るためのテストです。

このテストで、性格、知識や関心、生活状況から、マインド・コントロールの受けやすさをチェックすることができます。

Q1～Q3は性格に関する質問です。

Q1が「はい」の場合……曖昧なことに我慢《がまん》できない

Q2が「はい」の場合……カリスマを待ち望んでいる

Q3が「はい」の場合……自己愛傾向が強い

曖昧なことに耐えられず白黒つけたがる、という性格は「すぐに答えをほしがる」ということに通じます。自己愛が強いと、理想化した「本当の自分」へのこだわりも強くなります。そんなところへカリスマ的人物が現れ、〝正解〟を示してくれると、飛びついてしまいがちです。こうした性格はマインド・コントロールを受けやすくなります。

Q4～Q8は知識や関心に関する質問です。

Q4～Q5が「はい」の場合……承諾誘導されやすい（YESといわされやすい）
Q6が「はい」の場合……マインド・コントロールやカルトの知識が乏《とぼ》しい
Q7～Q8が「はい」の場合……オカルト的なものが好き

「まわりの空気に逆らえない」ような状況下や相手にNOといえない人は、YESといわされやすくなります。そうした知識やテクニックを知ると知らないとでは、マインド・コントロールの受けやすさに大きな差が出ます。スピリチュアルやオカルト、陰謀論などが好きな人はマインド・コントロールに親和性が高いといえます。

Q9～Q10は生活状況に関する質問です。

Q9が「はい」の場合……心身の悩みがある

Q10が「はい」の場合……社会的疎外感を抱いている

先述したように、悩みがあったり社会から孤立していたりするときは、マインド・コントロールを受けやすくなっています。

「はい」が何個以上あるとマインド・コントロールを受けやすい、というものではありません。性格、知識、状況の3つが重なりあって、総体的な脆弱性はつくられます。

ただ、「はい」と答えた部分は突かれたら弱いところ、自分のウィークポイントです。

そして相手は、的確にそのウィークポイントを突いてくるのです。

第1章　人はラクをしたい生き物

プロローグで述べたとおり、人の心は弱いもので、「やってはいけないこと」が「やってもいいこと」にひっくり返ることすら珍しくありません。

その弱さにつけ込まれて、操られると、心が支配されてしまいます。

本章では、その心の弱さの下地になっている人間の基本的な心理について探っていきます。

ポイントは「人は線引きをしたがる生き物である」ということです。さて、どういうことでしょうか。

1 なぜ線引きをしたがるのか

血液型占いがあるのは日本だけ

「〇〇さんはA型だって」

「やっぱり！　A型だと思った」

誰でも一度はこんな会話を聞いたことがあるのではないでしょうか。実際にこういうやりとりをしたことがある人もいるでしょう。

血液型占いはとても人気があります。でも、意外かもしれませんが、**血液型占いが信じられているのは日本だけ**です。海外で血液型占いのことをいったらびっくりされるか、笑われるのがオチかもしれません。

血液型占いは、昭和初期に古川竹二という教育学者が、血液型と気質の結びつきに着目して一連の論文を発表したのがはじまりです。大いに注目を集めましたが、その関連性は科学的には実証されていません。日本国外に広まることもありませんでした。

それでも日本では、多くの人が信じています。信じているとはいわなくても、「なんとなく関係ありそう」と思っている人は少なくないでしょう。

科学的に実証されていないことからすると、血液型で性格を分類するのは「正しい」わけではありません。「正しさ」はさほど重要視されていないということです。

では、何が重要なのでしょうか。

それは「分類すること」、似たものを集めてまとめることです。

その分類を使って、「〇〇さんはA型だからこう」「△△さんはB型だからこう」とまとめられれば、相手とのつき合い方を考えるうえでのヒント、手がかりになります。何もないまっさらな状態から手探りでアプローチするよりラクで、安心できます。

つまり、**分類すると、そうした安心感が得られる**のです。

しかも、多くの人は「たしかに○○さんって、典型的なA型の性格だね」というように、その分類を正しいと思った実体験があるのではないでしょうか。

その「リアリティ」が、その人の心の中で、分類の信憑《しんぴょう》性を高めているのです。

人間は内と外に分けたがる生き物

血液型占いによる性格分けは日本だけのことといっても、分類したがる、まとめたがる傾向は人間に本能的に備わっています。

分類しなければ収拾がつかないものはたくさんあります。

軟体《なんたい》動物と脊椎《せきつい》動物、「哺乳《ほにゅう》類サル目《もく》ヒト科チンパンジー属チンパンジー」といった名称は、学問上の生物の分類です。身近なところでいえば、電話番号の市外局番や郵便番号なども分類のひとつです。

それらを分類してまとめれば、覚えやすく、把握《はあく》しやすくなり、探すときも見つけやすくなります。

分類することを「カテゴリー化」といいます。分類する対象がモノであれば、話は単純です。でも、人間を分類するときは、別の特別な心理が働きます。

人間を分類するときは、自分自身も分類するからです。他者を分類しながら、同時に自分をどの集団に位置づけるかを決めることになります。これを「セルフ・カテゴライゼーション」といいます。

自分をどこかの集団に入れると、「内」のグループと「外」のグループができます。きれいに2つに線引きされるのです。自分がいる内輪のグループを「内《ない》集団」、外のグループを「外《がい》集団」といいます。

そうやって内集団と外集団ができると、**自分の集団、つまり内集団を好意的に見るようになり、外集団には否定的になります。**表現はよくありませんが、気持ちのうえでは外集団は「やつら」「あいつら」と呼ぶ敵であったりします。

このように線を引きたがる、さらにはその線をどんどん強く引くようになるのは、人間の習性、生物としてのサバイバル本能のようなものでしょう。生き抜くために、敵と味方を分けるのです。

ここで気をつけておきたいのは、その線引きの基準が絶対的な正しさではないということです。その基準はあくまでも、自分とメンバーの正義でしかありません。

でも、**自分の集団が「正しい」なら、異を唱える外の集団はすべて「間違っている」とみなしがち**です。

たとえば、AとBとCという3つの集団があったとして、それぞれ異なる価値観で異なる主張をしているとしましょう。

Aにとっては、BとCの主張がなんであれ、正しいのは自分たちであり、BもCも間違っています。ひとまとめに「自分たち」と「その他」を分け、自分たちが正しい、とするのです。

そして、興味深いことに、こうした三者関係では、たとえばAがBを標的にして攻撃するような場合、Cとは意見も価値観も違うけれども、いったんは手を組んで共闘関係になることがわかっています。敵の敵は味方、ということです。

「3人集まると派閥ができる」といった言い方を聞いたことがあるでしょう。2対1、すなわちマジョリティとマイノリティができるのです。それゆえ、3人は集団の原型といわれます。

こういった図式は、政治の世界でもよく見られます。意見や価値観において譲歩しても、多数派になろうとするのです。

集団に属すると強くなれる

それでは、人はどうして他人や自分を集団に入れたがるのでしょうか。

結局のところ、安心できて、自分がラクになりたいからです。

出会う人一人ひとりについて、何の先入観ももたずフラットに接して、どういう相手かを見極めて対応していくのは理想的ではありますが、現実的には不可能です。

「一人ひとりの相手を大切にしよう」と思っても、なんの手がかりもなければ、どこから接近すればいいかわかりません。へたに近づいて、痛い目にでも遭《あ》ったら大変です。

そこで、相手を軽く分類して、仮にでも枠組みにはめてしまえば、対応の仕方もわかり、ラクになれます。分類の基準は血液型から星座、出身地、職業までいろいろです。相手との共通項でもみつかれば、より安心できるでしょう。

自分を集団の一員として位置づけるときにも、じつは同じような気持ちが働いています。

社会的に認知されている集団の一人として、「自分は○○です」ということができれば、社会的アイデンティティを相手にはっきりと提示できます。**所属する集団があることで、自分自身も安心感が得られます。**

たとえば、「私は公務員です」と自己紹介すれば、相手は堅実な職業の人というイメージでその人を見るでしょう。その人自身も、自分はちゃんとした人間だと相手に伝わる効果があることはわかっています。

自分のことをわかってもらおうと、あれこれ説明するより、所属する集団をあげたほうが手っ取り早いこともあるでしょう。

しかも、**その集団の正義にも支えられているので、心強い**のです。

集団に属するメリットはほかにもあります。たとえば、価値観を共有する人たちが集まることによって生まれる力です。

俗にいう「集団の力」です。**一人ではできないことが集団ではでき、強くなれる**のです。「自分の集団はいいことをしている、正しいことをしている」という気持ちを共有するメンバーは、内と外をくっきりと分けて、内への忠誠心で一丸となります。

何かを達成したいのであれば、一人で頑張るより、集団で取り組むほうが目標を達成しやすくなります。

たとえば、市民運動や政党の活動でもそうした集団の力が働いています。民主主義の社会においては、意見や価値観を共有する集団が力を持ち、多数派になれば、世の中を動かすことができます。

それにともなう晴れがましさや高揚感《こうよう》、主流派・勝ち組にいると感じることは、集団に属して得られるメリットです。

〝敵〟をつくる心理テクニック――「非人間化」「悪魔化」

内集団を高く評価し、外集団を低く評価しようとする心理は、〝敵〟をつくるために利用されます。**自分たちの集団を高等、優れているとする一方で、敵とみなす集団は意味がない、価値がないと貶《おとし》め、差別する**のです。

「非人間化」「悪魔化」という操作がおこなわれることもあります。いかにも恐ろしい響きがしますが、実際にかなり強力な作用です。

「非人間化」とは、「あいつらは人間じゃない、野蛮《やばん》なやつらだ」という認識をつくり上

げることです。

かつて「ならず者国家」という言葉が国際政治の場で飛び交ったのを覚えているでしょうか。これは「非人間化」の格好の例です。

2001年の「9・11」、米同時多発テロ事件のあと、時のブッシュ政権はイラク、イラン、北朝鮮を「ならず者国家」「悪の枢軸《すうじく》」と呼び、テロ支援をしているとして非難しました。この言葉は当初はメディアの通俗用語でしたが、それを米国国家安全保障戦略に公的用語として取り入れたのです。

「自分たちとは違う、野蛮なやつらだ」とアメリカの〝敵〟として、悪のレッテルを貼ることによって、国内の結束力を高めたのです。

これがさらに進むと**「悪魔化」**になります。**「放っておいたら、野蛮なやつらだから攻めてくるぞ」**というように、**自分たちの命や財産を脅《おびや》かす存在に仕立て上げる**のです。

ここで問題になるのは、

「だから、自分たちの利益を守るためには先制攻撃しなければ」

という理屈《りくつ》がまかり通ってしまうことです。こうして戦争が勃発《ぼっぱつ》します。

アメリカは大量破壊兵器の存在を理由にイラク戦争に突入し、フセイン政権を倒しましたが、結局、大量破壊兵器は見つかりませんでした。

このように、**集団のリーダーが「内と外」の線引きをうまく利用すると、集団を維持《いじ》したり、団結を強くしたりすることができます。**

一方、リーダーとリーダーがとなえる集団の正義を信じて、集団の行動に参加する人々は、心を操られ、支配されることになります。「正しいことをしている」という優越感も生まれます。

こういった集団心理の戦略的利用が世界中で起こってきたことは、歴史が証明しています。

差別が安心感をもたらす

だからこそ、いままで世界中が平和だったことなどないのです。人間が線引きをおこなって、集団をつくる限り、それは変わらないでしょう。

逆にいえば、平和とは、それぞれの集団が自分以外の集団を線引きし差別して、それによってお互いに安心している「凪《なぎ》」のような状態かもしれません。

単なる区別では物足りません。**差別すると安心するのです。**また、**差別するほうが心地**

よいのです。

しかし、その差別状態はあやうい緊張関係のうえに成り立つものであり、平穏で安定化したものではありません。ちょっとしたことで、バランスは崩れてしまいます。

そう考えると、世界の国々がひとつになるとしたら、たとえば、SF映画のように、異星人から攻撃を受けたときくらいではないでしょうか。「つまらない価値観の違いは横に置き、とにかく人類は地球防衛軍として結束し、共通の敵に立ち向かおう」という状況です。

でも、考えてみればすぐわかりますが、これもやはり地球の人類を内集団、異星人を外集団として、内と外の境界線を引き直したにすぎません。

これは極端な例ですが、それほど境界線は流動的で、状況によってそのつど、都合よく変化するのです。

2 集団とはどういうものか

「いじめ」の集団力学を読み解く

境界線が簡単に変わることは、身近なところで頻繁《ひんぱん》に起こっています。ある程度は誰もが自然にやっていることです。

たとえば、中学生や高校生でも、仲のよいグループのメンバーといるときと隣の学校の人たちといるときとでは、態度や言動が変わります。

相手が先輩か後輩か、あるいは先生か生徒同士かでも接し方は違うでしょう。そのつど、相対している人たちをカテゴリー分けして、線を引き直すのです。

「いじめ」の問題も、線引きという視点でとらえ直すと、別の構造が見えてきます。

いじめられるのはそれ相応の理由があるからではありません。**単にグループからなんらかの線を引かれて、外側に追いやられただけのこと**なのです。

最初は見た目、外見的なところで何か目につくことがあって、線を引かれて、ターゲットにされることが多いでしょう。

でも、それは絶対的な理由ではありません。いじめられる人に味方をする人が現れたら、今度はその人がいじめの対象になるかもしれません。

あるいは、ある人をいじめるのに飽きたら、別の対象を探しはじめることもあります。いじめていた側の一人がある日、なんらかの線引きにあって、いじめられる側になることもあります。

線引きに絶対的な正しさは関係ありません。いじめの力学はダイナミックで制御《せいぎょ》がとても難しいものなのです。**集団の力関係は突然変化します。**

いじめとはこういう構造で起こるものなので、根本的にはなくならないと私は思っています。

この構造を意識せずに、「道徳教育をすればいじめはなくなる」と考えるのは、発想が甘すぎるといわざるを得ません。

集団は固定せず、すぐ変化する

このように、集団というのはつねに変化するものなので、どのような集団が、いつどのように形成されて、社会に影響をおよぼすかを予測するのは非常に困難です。

人間の行動を考えるうえでは、２つの見方があります。

・生物として人間を見て、どのような選択をするのかを読み解くアプローチ
・文化や社会、歴史を背負って、人間がどのような行動をするのかを追究するアプローチ

集団をつくりたがる傾向の根本的な理由は、生物学的にできるだけエネルギーを使いたくないからといえるでしょう。つまり、ラクをしたいということです。

ところが、人間は時と場合に応じて都合よく、線引きの基準など無視して、あっさりと集団を乗り替えることもあり、後づけの説明はできても、予測はなかなかできません。

人間は「ソーシャルアニマル」、つまり「社会的動物」であるといわれています。

その言葉の「アニマル」「動物」の部分を取り上げて、生物としての側面に目を向ければ、人間の行動の大きな流れは理解できるでしょう。フロイトがサルの進化形として人間をとらえたのも、同様の視点に立つものといえます。

なお、余談になりますが、フロイトは心理学の創設者のようにいわれますが、そうではありません。もっとも、人間をサルの進化形と位置づけて、パラダイムシフト（思考や概念の転換）を起こしたのは功績だったとは思います。

「ソーシャルアニマル」「社会的動物」の話に戻ると、人間は「アニマル」「動物」である

と同時に「ソーシャル」「社会的」な部分を持っているので、文化や歴史を複雑に背負っています。

生物として、人間を進化論でとらえれば比較的単純ですが、社会的な面に目を向ければ、親の代の経験にすら影響を受けます。影響をおよぼす要因はじつに多岐《たき》にわたります。**人間の行動は直線的には分析できません。そのありようはまさにカオス、混沌《こんとん》としています。**

影響をおよぼす要因のなかには、**ぼんやりとした危機感**というようなものもあります。人間はつねに優位に立ちたい生き物なので、自分に脅威《きょうい》を与えそうなものに非常に敏感に反応します。

たとえば、日本企業が海外資本に買収されるニュースがつづいたときや、中国人観光客が日本で高級ブランド品や高級家電を〝爆買い〟したときなどに、「なんか日本、ヤバくなってない？」という漠然《ばくぜん》とした不安の声が上がることがありますが、それもそのひとつでしょう。

でも、そこで集団ができれば暴走するかというと、そうとも限りません。かえって慎重になることもあります。集団の動きは非常に複雑です。

マジョリティとマイノリティの逆転も起こる

集団にはマジョリティとマイノリティがあるわけですが、その関係も固定されたものではありません。

先ほど挙げたいじめについても、ちょっとしたきっかけでターゲットに味方をする人が増えれば、その集団内の形勢は変わるでしょう。

歴史的にみれば、カトリックとプロテスタントの関係がそうです。16世紀の宗教改革でマイノリティのプロテスタントが登場すると、一気に勢力を拡大しました。カトリックの発想と異なり、個人の自由を尊重しているところや資本主義とも相性がいいところが、当時の社会の価値観に合っていたということでしょう。

マイノリティがマジョリティに追いついて勢力が拮抗《きっこう》することもあるでしょうし、逆転関係になることもあります。関係が変化しながらも、どちらもある程度は無事に存続すれば、ダイバーシティ（多様性）が尊重される社会ということができます。

でもそこで、たとえば迫害や差別を受けていたマイノリティが力を持って仕返しをするようになっては、ダイバーシティという価値観からは外れてしまいます。

このように考えてみると、**ダイバーシティが今日よくいわれるのは、マジョリティがい**

つマイノリティになるかわからないという不安がどこかにあるからかもしれません。

アメリカでは近い将来、白人がマジョリティの座から転落するのは確実で、人種間の関係は大きく変わりつつあります。政治や社会といったさまざまな側面で、集団間の微妙なバランスがとられています。キリスト教信者とイスラム教信者の関係も過渡期にあるといえるでしょう。

一方では、ダイバーシティなどどこ吹く風というところもあります。

中国やロシア、もしかすると日本もそうですが、カリスマ的指導者による独裁制へ、多様性よりひとつの価値観へ統一したほうがうまくいくという方向へ、気づかないあいだに意識が向けられてはいないでしょうか。

集団を知ることで解決策が見えてくる

これまで述べてきたとおり、戦争もいじめも、その発端は「人間は基本的に線引きをするものだから」というところにあります。

では、どうしようもないのかというと、そんなことはありません。

逆手にとって、根本の分類の仕方に注意すれば、新たな解決方法を考えることができます。

たとえば、白と黒に分かれているところに、わざと別の色を加えるというようなことを、戦略的にうまくおこなうのもひとつの手です。それまでの分類の意味がなくなるからです。

カテゴリーを無効化するのです。

実際にそういう研究もおこなわれています。たとえば、高齢者グループと若者グループが対立しているところに、そのトラブルを解消するために、高齢者の中でも裕福な高齢者とそうではない高齢者というグループ分けを目立つようにしてしまうと、別の対立の火種は生まれますが、それまでの対立は解消されます。

あるいは、ある国と国のあいだでわだかまりがあるとき、その２国間で国際結婚がすすめられるのも、別の集団をつくるという解決法のひとつです。

私の専門である社会心理学とは、そういう人間観をも提供する学問です。

人間は理性的でも合理的でもない

「人間は道徳心があって、理性的で合理的である」という人間観で、人間の問題にアプローチするのは無理があります。もっと実際的に考えなければ、解決策は見えてきません。

一方、**法律は、「人間は道徳心があって、理性的で合理的である」という人間観でつくられています。これは19世紀の人間観であって、**当時、まだ心理学は発達していませんでした。

このような人間観でいけば、たとえば詐欺や悪質商法の被害に遭う人に対しても、「ちょっと考えればわかるだろう。騙《だま》されるほうが悪い」「自己責任だ」と片づけられてしまいます。

また後でくわしく説明しますが、マインド・コントロールを受けて犯罪をおこなった人にも、「自分の意思でやったんだから、あなたが悪い」という見方に偏りがちです。

でも、**人間はそれほど理性的でも合理的でもありません。**恐怖に怯《おび》えたり、不安で依存的になったりするという視点に立たなければ、人間の問題は解決できません。

もっとも、その理解は少しずつ進んでいて、「法と心理学会」という学会ができたりして、法律の専門家と心理学者は協力しあうことが増えています。

私自身、さまざまな事件の裁判で、心理鑑定人として呼ばれ、弁護士、検察官、裁判官といった方々と一緒に取り組む場面が増えてきました。

法律の専門家のあいだでも、これまでの考え方が現実に即していなかったことが理解されてきているのだと思います。

３　身のまわりにある集団の心理

内集団に働く「栄光浴」、外集団への反発

これまで説明したような、線を引いて「内と外」をつくる心理は日常的に働いています。

ここからは身近にある興味深い例を見ていきましょう。

集団に属するメリットのひとつに、集団になると強くなることができて成功しやすい、そこで晴れがましさを感じることができるというのはすでに述べたとおりです。

自分は直接的には何もしていないのに、集団がおさめた成功を自分の手柄のように感じることがあります。市民運動が成果をあげるようなケースでは、ある程度、自分にも関係する部分が出てくるかもしれません。

でも、たとえば、自分の出身高校、つまり自分の内輪の集団が甲子園で優勝したような

場合はどうでしょうか。やったことといえば、せいぜい応援したくらいでしょう。

それなのに、**まるで自分のことのように晴れがましさや高揚《こうよう》感を感じる**ことがあります。

こういう気持ちを「栄光浴」と呼びます。「栄光」に「浴する」のでこういいます。

一方、**外の集団が成功をおさめたときは、距離をとりたがります。**

甲子園の例でいえば、自分の出身校が負けた場合、甲子園そのものに興味がなかったようなふりをする、話題にもしないということが起こります。

同じ土俵《どひょう》にいたくない、**比較されたくないから、離れたがるという気持ちが働くのです。**

これを「比較効果」といいます。


サッカーサポーターはなぜ青のユニフォームを着るのか

栄光浴と比較効果はサッカーのサポーターの世界でも見ることができます。

サッカーの日本代表を応援する人たちもひとつの集団になるわけですが、そこで青いユニフォームを着るのは仲間に入ろうとする行為です。内集団をつくって一体化したり、高揚感を得たりします。

しかも、試合に勝ったときには、自分は戦っていなくても、12番目の選手として、まるで自分がゴールを決めて点を入れたかのように盛り上がります。これも栄光浴です。

サッカーサポーターが青のユニフォームを着るのは、このような高揚感や喜びを味わいたいからです。

でも、負けたら、さっさとユニフォームを脱いだりします。同じ集団のメンバーであるという所属感から外れて違うところに行ったほうが、気がラクになるのです。比較されて、惨《みじ》めな気持ちになりたくないわけです。これもつねに集団が揺れ動いている事象のひとつといえます。

もっとも、卑怯《ひきょう》だといわれるのが怖くて、しぶしぶ着つづけている人もいないわけではありませんが、気持ちとしてはさっさとそのグループからは抜けたいというところでしょう。

年の近い同性のきょうだいは仲が悪くなる

栄光浴と比較効果で人間関係のバランスがつくられることもあります。

個人レベルでいえば、年の近い同性のきょうだいというのは、仲が悪くなることが多いものです。たとえば、サッカーをやっている年子の兄弟を想定しましょう。

成長して兄が日本代表に選ばれて、弟は選ばれなかったら、ライバル意識がありますから、「自分は兄とは関係ない」と距離をとりたがります。

ところが、異性のきょうだい、たとえば、年の離れた妹がいたら、「うちのお兄ちゃん、すごいでしょう」とわがことのように自慢《じまん》します。妹は栄光浴を感じるわけです。

きょうだいがともに同じ競技のスポーツ選手であれば、そういう軋轢《あつれき》はつきものといっていいでしょう。浅田舞《あさだまい》さんと真央《まお》さん、若乃花《わかのはな》さんと貴乃花《たかのはな》さん、髙木菜那《たかぎなな》さんと美帆《みほ》さんなどは、そういう思いを抱えていたと思います。

そういったつらさを味わうのは、同じ内集団にいるデメリットといえるでしょう。

でも、片方がスポーツ界から抜けて、比較されないところで自分も別の種類の成功をおさめると、今度は自慢になります。

浅田舞さんの場合であれば、女優やキャスターとして成功したから、妹を優しい気持ちで認めることができるようになったと説明できます。そうなると、妹のスケーターとしての才能や成功が姉として自慢になります。

若乃花さんと貴乃花さんは文字どおり、同じ土俵に上がって、優勝力士は一人という状況にいたわけなので、精神的にはさらにきつかったでしょう。

しかも周囲は、若貴兄弟として一緒に見たがるし、仲良しにしたがります。本人たちは迷惑です。「一緒にしないでくれ。俺とあいつは違うんだから」という気持ちでしょう。もっとも、結果的にはどちらも横綱になったのでよかったのですが、長年複雑な思いは抱えていたはずです。

髙木菜那さんと美帆さんの場合は、先に五輪出場した妹を持ち「美帆の姉」といわれつづけた姉が、自尊心の回復を目指してパフォーマンスを上げ、姉妹そろって金メダル獲得《かくとく》という、どちらかといえば稀《まれ》なケースでしょう。

ネットのSNS集団は暴走しやすい

集団にいる快感、高揚感のようなものが特にわかりやすいのは、ツイッターなどのSNSです。

ツイッターなどのSNSは、いってみればネット上での集団づくりです。Aという人をフォローしている人たちは「Aのフォロワーというグループ」をつくっているのと一緒です。

その集団の中にいる人はAと似たような価値観を持つ取り巻きのような立ち位置ですか

ら、基本的に「そうだ！　そうだ！」としかいいません。目障《めざわ》りな人はブロックされたりスルーされたりします。同じ価値観の人しか集まっていないから、とても居心地がいいのです。

現実の世界では、もっと物理的に地域や職場、学校などの場を基本的に共有しています。たとえば、東京都の○○区に住んでいる人という大きな集団があって、その中にまた、いろいろな集団があったり、個人がいたりします。

でも、**SNSでつくられるバーチャルな集団は**、意見の合う人だけで構成されていて、アンチが少なく、まったくいなくすることもできます。**「自分の意見は正しい」と錯覚しやすい**のです。

その中で「あいつを吊るしあげろ」「晒《さら》してしまえ」というような暴力的で人権侵害的な流れが起こったら、同じ価値観を持っている仲間たちも「そうだ！　そうだ！」と同調します。すると、単なる「内集団の意見」を「全体の総意」と勘違いしてしまうのです。

SNSでつくられた集団では、「そうだ！　そうだ！」と同調していれば批判されないというだけでなく、より過激なことをいうとより評価される面もあります。

心の中では「ここまでいったらまずいかな」と思うようなことでも、「ちょっといってしまえ」と勢いで、いわばノリでやってみたら、「お前、いいこというな」とみんなにもてはやされます。リツイートされて自分の過激な意見が拡散すれば、「たくさんの人に支持されている」と自尊心が高まります。

そうすると、「ウケたよ、もっとやるか」と大胆《だいたん》になり、どんどん過激化して、**盛り上がりは螺旋《らせん》状にエスカレーションしていきます。そうやって、非難や批判が殺到する「炎上」が起こるのです。**敵対者との誹謗中傷《ひぼうちゅうしょう》合戦や、バッシングの応酬《おうしゅう》となることすらあります。

一方、「それは違う」と思っている人がいたとしても、多数派の盛り上がりの中であえて異をとなえるのは、非常にエネルギーのいることです。へたをすると自分が批判されたり孤立しかねませんから、黙《だま》ってそれを容認しがちです。こうして**少数派は沈黙していきます。これは「沈黙の螺旋」といわれる現象です。**

「いいね」をもらうのは安心探し行動

よくいわれることですが、インターネットでの検索は、自分に都合のよい（自分向きの）情報ばかりが入ってくるしくみになっています。**「フィルターバブル」**と呼ばれるものです。

また、**「エコーチェンバー現象」**という言葉もあります。エコーチェンバーとは共鳴室のことで、それになぞらえて、SNS上で価値観の似た者同士で交流し、共感しあうことにより、特定の意見や思想が増幅されていく現象です。

SNSが登場してから特に顕著《けんちょ》になった傾向ですが、そうした**ネット空間では同質集団ができやすい**のです。

インターネットは個人と不特定多数をつなぐ、世界に向けて開かれた窓というイメージでしたが、じつは自分に似た人を集めて集団をつくっているのです。

インスタグラムで日記のように、「今日はこれを食べた、おいしかった」と書いている人は、最初からそういう意識でやっていたわけではないでしょう。

でも、「みんな聞いて！」「私の生活を見て！」という発信を積極的にするようになって、「いいね」を増やそうとしているなら、無意識のうちに、自分の集団づくりを狙《ねら》っていることになります。

加えて、自分の「リア充」感を共有してもらえるのは、自分が認められているというバロメーターになります。「みんなから評価されている」という気持ちが、孤独じゃないという安心感につながるのです。

つまり、**発信して「いいね」をもらうのは、安心探しの行動のひとつ**なのです。

ラクをする「思考放棄」は支配につながる

これまで述べてきたように、人間は線引きをして、内と外を分けたがる本能がありますが、**分けすぎると「分断」「対立」「不寛容」につながります。**

また、人間はラクをしたいから分類する、分類するとラクになるといいましたが、それは**自己の判断の放棄にもつながります。**

内集団で信じるものを共有できれば、その集団に合わせていればいい、賛同していればいいのでラクですが、裏を返せば**自分で考えなくなる**のです。

集団に属している安心感は大きいものです。でも、そこで自分で考えることをやめてしまったら、邪悪なものが近づいてきたときにも察知できず、支配されかねません。

第2章　なぜ騙されるのか

心が支配されている人は、相手を信じています。支配しようとする人は、その気持ちを利用します。詐欺《さぎ》師や悪質な占い師はそうやって騙《だま》します。

「信じる」という言葉はとても美しく響きます。「子供はなんでも信じる」というと、非常に純粋な感じがします。

でも、いまの世の中、残念ながら、信じてはいけないものもたくさんあります。

本章では、人がついつい信じてしまうものを挙げ、なぜ信じてしまうのか、なぜ騙されてしまうのかを探っていきます。

なお、ここからは、さまざまな支配の形を規模と期間で大きく分けて考察していきます。

本章でおもに取り上げる詐欺や悪質な占いは「小集団の短期的な支配」ということができます。

短期的というのは、詐欺にしても悪質な占いにしても、騙す側が目的を達したら、つまり金銭を巻き上げたら、そこで支配は終わるからです。騙された側も多くの場合、そこで騙されたことに気づきます。

「私は疑り深いから大丈夫」という人こそ気をつけてください。そういうタイプがいちばん危ないのです。どういうことかは後で説明しましょう。

1　信じることのメリットとデメリット

「鰯の頭も信心から」が起きるしくみ

最初に、「信じる心」について考えてみましょう。

人間には何かを信じたい気持ちがもともと備わっています。

それは、自分の思いどおりにいくわけではない人生、あるいは自分の力ではどうしようもないことが起こりうる人生で、なんとかうまく生きたい、災《わざわ》いから逃《のが》れたいという気持ちのあらわれです。

そこに科学的な根拠は必要ありません。厄年《やくどし》にお祓《はら》いをしてもらうのは典型的な例でしょう。

しかし、それでうまくいけばいいのですが、かえってうまくいかなくなったり、災いまで引き起こしてしまったりすることもあります。明らかに、「信じる」を超えて「とらわれている」ケースもあります。

まず、信じることがプラスに働く場合を見ていきましょう。

「鰯《いわし》の頭も信心から」ということわざがあります。鰯の頭のようにつまらないものでも、信じる気持ちがあれば尊いものに見える、という意味です。辞書には「節分行事の一つ。節分の夜、鬼を退散させるために鰯の頭を柊《ひいらぎ》にさして門や軒《のき》、窓にさしたまじない」（精選版日本国語大辞典）とあります。

そのように取るに足らないものを拝んだり、日時や方角の吉凶《きっきょう》を占ったりするのは、**迷信行動**といいます。合理的根拠がなく、社会生活に支障をきたすようなことが多いものですが、たいてい昔からのならわしで、信じるか信じないか、やるかやらないかにかかわらず、多くの人が知っているものです。

こういう行動は習慣になっているのでやめられない、やめたら何か悪いことがあるような気がしてしまうものです。

逆にいうと、**やっておけば、特別にいいことがなくても、なんとなく安心していられる気がする**ものです。

自信が持ててうまくいく「ルーチン」

同じように何かを信じる行動が習慣化したものでも、個人の経験にもとづく場合は、ルーチンやジンクスと呼ばれます。

ルーチンの例としては、イチローさんがバッターボックスに入って構えるまでの一連の同じ動作や、ラグビーの五郎丸歩《ごろうまるあゆむ》さんのキック前の精神統一ポーズが話題になりました。**ルーチン化とは、どのようなやり方をしてもかまわないことについて、過去の経験にもとづいてうまくいく方法を見つけ、それを定番化すること**です。

同じようなルーチン化された行動でも、いつも左足から靴を履くというようなものは験《げん》担《かつ》ぎ、縁起《えんぎ》担ぎに近く、いわゆるジンクスというものです。

ルーチンの効用は心理学的に説明できます。

「うまくいくやり方が見つかった、次もこれでいこう」と思っているのは、「これをやればうまくいくはず」と思えるだけの自信があることでもあります。

こうした信念に支えられると、メンタルが強化され、自分が強くなれます。**「あなたは大丈夫」とお墨《すみ》つきをもらったように、自信を持って頑張ることができます。**

安心してリラックスしていられるので、パフォーマンスはおのずと向上します。対戦相手がいるゲームであれば、自信を持って臨《のぞ》んでこられるので、相手はひるみます。そのパワーに押されて、勝負がつくこともあります。

これが、ルーチンが生まれ、さらに強化されていくしくみです。

ルーチンをやると、よけいな肩の力が抜けて最良のパフォーマンスができるので、スポーツ選手などがよくおこなうのでしょう。

もちろん、ルーチンやジンクスを信じる気持ちさえあればパフォーマンスが上がる、というほど単純ではありませんが、**「これで大丈夫」とポジティブに考えられる人や楽天的な人のほうが、自信を持って行動できるので、効果が上がりやすい**のです。

反対に、疑り深い人は、どこかで自信のなさが出てしまうので、効果が出にくくなってしまいます。

楽天家が成功しやすい理由

科学的な根拠がなくても、人を元気にしたり、明るくしたりするものはいろいろあります。

これまでに挙げたお祓いやジンクスのほか、おまじないやおみくじ、占いもそうでしょう。それで人生がプラスにまわりはじめるのであれば、べつに悪いことではないと思います。

たとえば、何もかも不安で、何も決められなくて、オロオロしていた人がいるとしましょう。でも、お祓いをしてもらったら自信を持って決められるようになった、不安が消えて明るい顔をするようになったとなれば、生活のなかで変化が生まれるはずです。

自信を持って判断することができれば、周囲の人からも信頼されるでしょう。明るい顔をした人のところには、みんなが寄ってきます。お祓いはこの場合、結果的にプラスに働いているわけです。

雑誌やネットに載っている占いやおみくじも同じです。毎朝、星占いをチェックする人が、「今日は仕事がうまくいく日」というのを読んだら、プレゼンが堂々とできて、成果が上がることもあるでしょう。多少準備不足でも、乗り切れたりするかもしれません。

ふと引いたおみくじで「大吉」が出て、悪い気がする人はいないでしょう。「いいことがあるかも」とちょっとした希望が持てて、表情が明るくなれば、印象もよくなるはずです。

実際、こういう「ポジティブ・イリュージョン」は大事です。

心理学に「行動確認過程」という言葉があります。社会学では「自己成就《じょうじゅ》予言」ともいいますが、これは、思い込みを持って行動すると、周囲の人間関係も巻き込んで、実現するということです。

実現するのはいいことばかりではありません。「あそこの銀行が危ない」という誰かの思い込みが広がって、取り付け騒ぎに発展した結果、倒産しそうになったという事例もあります。

よくも悪くも、思い込むと現実化しやすいのです。近年よくいわれる「引き寄せ」もこのたぐいのことを指すのでしょう。

人間関係でもそういうことがあるのではないでしょうか。

たとえば、「私はどうせ嫌われ者だから」とすねて引っ込みがちの人を、あえて好きになってくれる人はなかなかいないでしょう。でも、「私はポジティブなので好かれる」と思っていたら、社交的になれるし、周囲の人も近づいてきてくれて、いい関係がつくれます。

オプチミスト（楽天家）が成功しやすいことについては、ポジティブ心理学などの有名な研究があります。**ものごとを楽観的にとらえられる人のほうが、人生において成功しやすいというデータがあるのです。**

医学的な意味ではなく、心理学的な意味での「妄想《もうそう》」は誰にでもあって、プラスの妄想なら、ある程度あったほうがむしろうまくいくのです。

占い師に5億円つぎ込んだ社長

ここまでお話ししたように、何かを信じるのは決して悪いことではありませんが、常識から外れるような信じ方になると、話は違ってきます。

そこに莫大《ばくだい》な金額がからむ場合もそうでしょう。

お金がからむといっても、おみくじ１００円、お守り１０００円程度なら、個人の趣味のようなものです。お祓いで５０００円、１万円といわれても、本人や家庭にその余裕があって、周囲に迷惑をかけることもないなら、「まあ、それで気持ちがラクになるならいいか」程度に受け止めていいと思います。

でも、「占い師に5億円つぎ込んだ」としたらどうでしょうか。

私が実際に知っている人です。その人は大土地所有者で、アパートやマンションをたくさん持っていました。社長として経営しているのですが、たまたま親から不動産を受け継いだだけで、その財産を減らさないことが仕事です。でも、専門知識があるわけではないから、じつは不安でいっぱいでした。

そういう人につけ込んで騙す悪徳占い師がいるのです（「占い師」というのはたまたまこの人の場合はそうだっただけで、詐欺師の名称は霊媒《れいばい》師、霊能者といろいろです）。

こういう詐欺師は飛び込みのお客さんを待っているわけではありません。自分からあらゆる手段を用いて、ターゲットを探し出します。

狙われやすいのは、資産と不安の両方を持っている人。会社経営者で事業がうまくいかず不安を抱えている人や、財産があって遺産相続の心配をしている人などです。老舗《しにせ》の会社を乗っ取られそうな人なども、いいカモです。そういう人を探し出して、喰《く》らいつくのです。

もちろん最初から大金を巻き上げるわけではありません。最初の指示は、「1回占っていくら」と、資産家からしたらなんということもない金額かもしれません。でも、相手が一度指示どおりにしたら、もう放しません。あれこれ理由をつけて、どんどんエスカレートしていきます。

つかまったほうも、一度従ってしまうと抜けられないのです。

なぜなら「当たっているから」。もう少し正確にいうと「外れないから」です。ここが大きな問題です。

予言はどう転んでも外れない

悪徳占い師は、つかまえた相手の不安感を巧みに煽《あお》りつづけます。

穏やかな日々がつづけば、占い師は「いうとおりにしたから何も起きませんでしたね、よかったですね」といって、相手を納得させます。そして次の要求をして、相手がしぶる様子を見せたら、「いいんですか、大変なことが起きますよ」

「身内に何か悪いことが起こりますよ」と迫ります。

「身内」を広くとらえれば、占いが当たっていようがいまいが、誰にだっていつかはよくないことも起きるでしょう。

ところが、そこで指示に従っていなければ、「ほら、いうことを聞かなかったからこうなったんだ」といいますし、指示に従っていれば、「いうとおりにしたから、この程度ですんだ」というのです。

つまり、占い師の予言は、どう転んでも外れないのです。外れていないし、断ればよくないことが起きると思うと、怖くてやめられない。これが、一回従ったら抜けられなくなるカラクリです。

もはや、占い師に完全に「支配」されてしまっています。それが重なって、くだんの社長はいつの間にか5億円を巻き上げられていたのです。ほかに、会社経営を乗っ取られたケースも複数聞き及んでいます。

人は「科学」という言葉に弱い

そんなインチキ占い師などには騙されない、科学的なものしか信じないという人もいます。

でも、「科学」を売りにしたデタラメな商売というのもたくさんあります。いわゆる「ニセ科学」や「疑似《ぎじ》科学」です。

そういった商品の広告には、もっともらしいカタカナの物質名が並んでいたり、実験データとしてそれらしい数値が並べられていたり、○○博士の推薦文が載っていたりします。

こういったものを目《ま》の当たりにすると、いかにもその商品の品質なり、効用なりが、科学的に証明されているかのように思ってしまうでしょう。ついつい信じてしまう気持ちにもなるかもしれません。

しかし、それは本当に科学的な根拠でしょうか。

たとえば、病気が奇跡《きせき》的によくなる食品だったとすれば、実際にそれを食べてよくなった人、食べてよくならなかった人、それを食べなくてもよくなった人、食べなくてよくならなかった人はどれくらいいるでしょうか。データのサンプル数はどれほどの規模でしょうか。

本当は、そうしたことが確実にわかっていなければ、科学的な裏づけとは呼べません。そのような確証もなく宣伝のキャッチコピーをそのまま信じてしまうのは、**科学を信じているのではなく、「科学という名の宗教」を信じている**のだといえます。

それらしい数値が並べられているだけで「科学的だ」と思うのは、不思議な現象を見て「神の奇跡だ」と即断することと変わりません。

宗教を信じているという人と科学を信じているという人は、じつは似ています。それを狙っているのか、「科学」という言葉を団体名称に含めている、世界的規模の宗教団体もあります。

人間は「科学」という言葉に弱いものなのです。無意識のうちに騙されることを避けるために、このことは頭に入れておいてください。

「科学」という言葉は、さまざまな詐欺の手法にたくみに織り込まれているのです。

宗教、信仰、カルトの違い

宗教という言葉が出てきたので、ここで、信じる気持ちは同じでも、宗教と信仰はどこが違うのかに触れておきましょう。

すでに述べたとおり、ルーチンやジンクスなどはあくまでも個人的なものです。信じる気持ちが強くなって信仰になっても、それは個人の信念の範疇《はんちゅう》にあります。自分が信じているだけで、他人は関係ありません。

一方、宗教というのは、個人がそうした人間や自然を超越した存在についての価値観をほかの人と共有して活動する集団現象です。

たとえば、あるルーチンをおこなっている人が「これをやればうまくいくから、みんなもやってよ」と要請して共有させれば、それは布教であり、新たな宗教の誕生といえるでしょう。

宗教とよく混同されるものに「カルト」があります。カルトを「狂信的宗教集団」と説明する辞書もありますが、もとはそういう意味ではありません。文化人類学、社会学の分野では、カルトを「比較的少人数で何かを熱心に信じている信者グループのこと」と定義しています。熱狂的なファンがいる「カルトムービー」などがこのカルトです。対して、オウム真理教をはじめ、多くの人がイメージする反社会的で危険なカルトは宗教的な「破壊的カルト」と呼ぶべきでしょう。

そして、宗教とカルトには大きな違いがあります。

一般に、健全といわれている**宗教は安心感を提供する**ものです。その宗教団体に入ったら、心の平安が得られるので、安心するわけです。それに、まともな宗教は人を束縛《そくばく》しません。

でも、**カルトは自由を奪《うば》い、人を縛る**のです。つまり、こっそりと人権を侵害するのです。

カルトに入ると、条件が示されます。「こうしたら幸せになれる」「こうしなければ幸せになれない」という体系ができあがっています。そういうなかでは安心感はありません。

そして、カルトはなによりも忠誠を尽くすことを求めます。

「忠誠を尽くすという条件であなたは守られます」

「無視したり従わなかったら地獄《じごく》に堕《お》ちます」

「とてもひどい目に遭います」

といった脅迫的《きょうはく》なメッセージが必ずついています。

カルトの怖さはここにあります。悪徳占い師に取り込まれて、「いうことを聞かないと、どんな不幸なことがあるかわからない」と思ってしまうのと同じ構図です。「家族もみんな、大変なことになりますよ」という決まり文句も悪徳占い師と同じです。

「〇〇しなかったら、あなたも家族も救われません」

たとえば、カルトのひとつであるA教団は、

「教祖が決めた相手と結婚をしなければ、あなたの家族は救われません」

といっていました。見ず知らずの好きでもない相手、言葉も通じない外国人とであっても結婚するのは、いわば家族を救うために脅迫の犠牲《ぎせい》になることです。

その教団では「犠牲」ではなく「救世主」という言葉を使っていました。

「あなたが救世主になって、家族のみんなを救ってあげましょう」

といって、家族のことで悩む気持ちにつけ入ったのです。

「あなたがやらなかったら、あなたは地獄に堕ちるし、あなたの家族はあの世で苦しみますよ。信じるも信じないも自由ですが、本当だったらどうしますか」

と迫るのです。もちろん、そんなことは証明不可能です。

そこで「おかしい」と思っても、閉じられた集団の中で、自分だけがそう思うのはこわいことです。

しかも、設立者が存命で教祖だったときは、彼がイエス・キリストの生まれ変わりだということになっていました。誰もが彼にひれ伏して、彼がいうとおり、求めるとおりにしなければ、自分も家族も幸せになれないと信じてしまっていたのです。

カルトは不幸をダシに縛るのです。盲従《もうじゅう》しないことには、心の平安は決して得られません。そこが、健全といわれている一般的な宗教との違いでしょう。

「信じる」と「騙される」の境目

このように、信じる気持ちは、うまく働けば、その人の気持ちを明るくしたり、ラクにしたり、さらには人生をよい方向に持っていくことにつながります。

しかし、一歩間違うと、大きな苦しみをもたらしたり、犠牲を強《し》いたりすることもあります。

ただ、どこまでが正常で、どこからが異常なのか（騙されているのか）の境目には、曖《あい》昧《まい》な部分もかなりあります。

たとえば、「うちのおばあちゃんが勝手に、お寺に大金を寄付してしまった」というようなケースがあります。

こういう場合は、お寺が悪徳というわけではなく、周囲の誰かが弱みにつけ込んで、昔からの風習や言い伝えを持ち出してそうさせていることが多いのです。

「騙されている」と見る周囲の目にしても、その基準は絶対ではありません。

暴力が振るわれた、脅迫めいたメッセージが送られてくる、本人あるいは家族の生活があやうくなっているなど、明らかに社会的正当性を欠いていれば別ですが、そういうことがなければ、こういった**「信じている」ケース**を**「騙されている」と立証するのは困難**です。

2「信じる・信じない」はどうやって決まるか

意思決定には2種類の情報を使う

人があるものごとを信じる、あるいは信じないと決めるとき、脳の中ではどのような処理がおこなわれているのでしょうか。

騙されるときは、その処理にどのような力が働いて、どこで何が起こっているのでしょうか。

ここで、信じる心のしくみを社会心理学的に見ていきましょう。

まず、基本的な意思決定の過程を説明します。

意思決定の過程においては、脳は外から情報を受け取り、記憶の中にある情報と照らし合わせて、対応や行動を決めています。

外からの情報とは、五感（視覚、聴覚、嗅覚、味覚、触覚）を通して得られるもので、

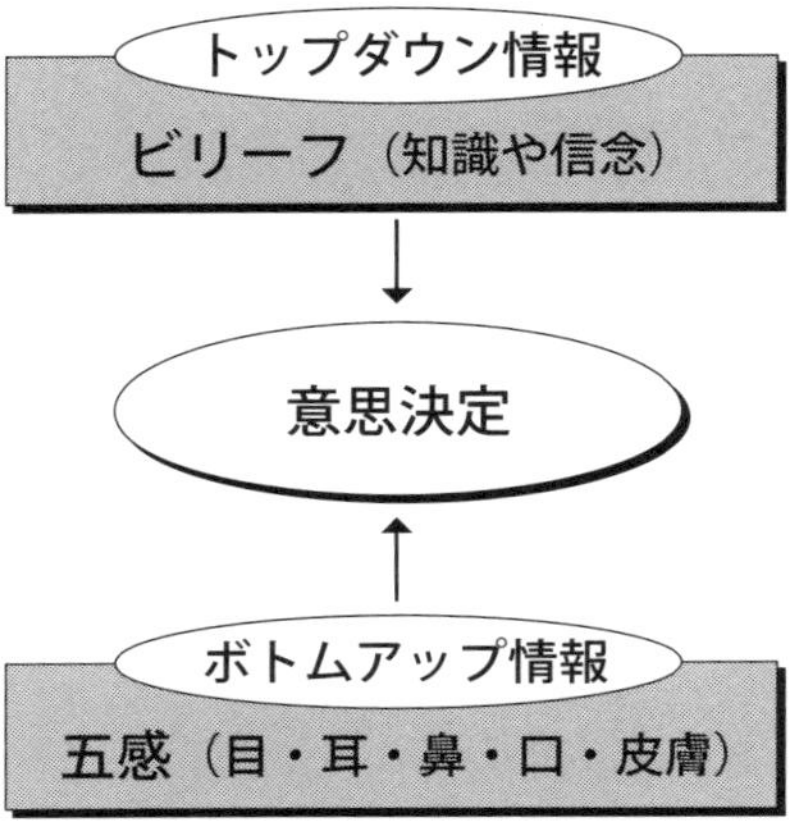

意思決定の概念図

「ボトムアップ情報」と呼ばれます。

記憶の中にある情報とは、それまでに前もって獲得されていて、脳の中に貯蔵されている知識や信念です。こういった情報は「トップダウン情報」と呼ばれます。

人が意思決定をおこなうときには、つねにこの2種類の情報が組み合わされています。たとえば、キノコ狩りに行って、あるキノコを見つけたとしましょう。

外見やにおい、触った感じなど、五感を通してボトムアップ情報を収集しながら、すでに知っている知識（トップダウン情報）と照らし合わせて、「これは毒キノコではない、食べられるから持って帰ろう」と決定するといった具合です。

自分が正しいと信じていること＝「ビリーフ」

「トップダウン情報」を心理学用語では「ビリーフ」といいます。

ビリーフとは、ある対象（人や事象）をどのように認知しているかの内容です。「信念」と訳されることも多いのですが、私はもっと広い意味でとらえています。

というのは、ビリーフには、先ほどのキノコ狩りの例で用いられたような比較的単純な「知識」のほか、「偏見」「ステレオタイプ」「イデオロギー」「信条」「信仰」なども含まれるからです。

ビリーフの中には、「神が人間を創造した」「政治家は裏表がある」「B型の人はマイペースだ」「満月の夜は気分が不安定になる」なども含まれます。

つまり、**ビリーフは「自分が正しいと信じていること」**です。ここが重要です。**客観的に正しいかどうかは関係ありません。**

ビリーフが形成される過程には、①自分の経験によって得られる、②推論によって導かれる、③他者との相互作用を通して与えられる、の３つがあります。

膨大なビリーフ群の中から思考がつくられる

人は誰でも膨大《ぼうだい》な量のビリーフを持っています。それらは集合体になって「ビリーフ・システム」を構成しています。

たとえるなら、ビリーフは1冊の本、ビリーフ・システムはたくさんの本が収蔵されている図書館といえるでしょう。

人は思考や行動において、つねにビリーフ・システムを利用しています。

それは、食事のときに茶碗や箸《はし》を手に取る、スマホで音楽を聴くなど、ほとんど自動的あるいは習慣的におこなっている行動から、車を運転する、スポーツをするといった注意力が求められる行動、さらには、人生について考える、複雑な書類を作成するといった難しい思考をともなうときにまで、広範囲にわたります。

ですから、ビリーフ・システムは「思考の装置」ともいえます。

人はそのつど、ビリーフ・システムを構成している膨大なビリーフの中から必要なビリーフ群を引っ張り出してきて、適切な系列に組み合わせて、思考や意思決定をおこなっています。

先ほどの本と図書館のたとえでいえば、あるレポートを書くために、図書館で必要な本を選んで借りるのと同じです。

実体験は信じやすい――個人的リアリティ

ビリーフが新たにつくられるとき、大きな決め手になるのは、どれだけ現実感や真実味があるかという「リアリティ」です。

ビリーフの形成を支えるリアリティには２種類あります。

ひとつは「個人的リアリティ」で、先に挙げたビリーフの３つの形成過程のなかでは、①自分の経験によって得られる、あるいは、②推論によって導かれるものです。

なかでも、実体験したものは強力です。

たとえば、ある液体があって、みんな「毒だから飲んだら死ぬよ」といっているとします。でも、「自分は飲んだ、でも大丈夫だった」という**実体験を持つと、その個人的リアリティには力があります。**

ただし、個人のビリーフを支えるのは、個人のリアリティです。ほかの人は関係ありません。あくまでも個人的なものです。

「神様を見た」というような神秘的な体験でも、その人が「見た」のであれば、それは実体験であり、リアリティのある話なのです。他人がなんといおうと、自分のなかでは「見た」という実感が残りつづけます。

さらには、「そうあってほしい」「そうでなければ困る」といった期待や思い込みもビリーフになり得ます。ですから、他者からは妄想と思われるものを信じているというケースもあります。

権威づけがあると信じやすい――社会的リアリティ

ビリーフの形成を支えるもうひとつのリアリティは「社会的リアリティ」です。先に挙げたなかでは、③他者との相互作用を通して与えられるものです。

これは、**その分野の権威と思われる人が発言していたり、内集団のメンバーに「そうだ、そのとおりだ」といってもらえたりすること**で支えられています。

権威というのは、特に社会的リアリティを強く後押しします。

たとえば、英語の勉強をしていて、意味のわからない単語があり、周囲の人たちに聞いて教えてもらったとします。でもそこで、先生が気づいて「違いますよ、こうですよ」といえば、何人もの周囲の人たちより、一人の先生を信じるでしょう。

内集団のメンバーに同意されるのも大きなリアリティになります。特に全員一致していれば強力です。

信じるか信じないかの大きな根拠になっているのは、自分の所属している集団の正義であり、集団がどういっているかなのです。外集団が何をいっているかは関係ありません。

つまり、ビリーフはこのように非常に主観的で、かつ権威や集団文化の影響をいとも簡単に受けてしまうものなのです。

ビリーフ・システムは「思考の装置」だといいましたが、その「思考の装置」を操作、さらには支配することは、そのテクニックさえ知っていれば、案外簡単なのです。

3　騙しのテクニックと騙される心理

五感とビリーフを操れば、思考は支配できる

「騙される」というのは、別の言い方をすれば、「間違ったことを正しいと信じるように

仕向けられる」ということです。

騙されるとき、人間の思考や意思決定はどのようになっているのでしょうか。なぜ間違ったことを正しいと信じるのでしょうか。脳の中では何が起こっているのでしょうか。

私たちは思考や意思決定は自分のもの、つまり「自分で考えた」と思っています。たとえ途中で誰かに相談したとしても、「最終的には自分が決めた」と自負しています。そう思いたいものなのです。

でも、本当にそうでしょうか。

じつは自分でも気がつかないうちに、誰かに考えを操られていた、つまり思考が支配されていたということは大いにあるのです。そうした事例は巷《ちまた》にあふれているといっても過言ではないでしょう。

詐欺や悪質商法の手口はもちろんですが、そのような明確な悪意はなくても、たとえば消費者の購買意欲を高める宣伝広告でも、思考を操っているという点では同じです。

それらは、先ほどの意思決定のしくみでいえば、**五感、ビリーフ、もしくはその両方を操作して、人の思考を操っている**のです。

気づかないうちに思考が操られる例

五感の操作にあたる簡単な例を挙げましょう。

スーパーでその日、売りたいものが「ステーキ肉」だったとしたら、そのステーキ肉を目立つ場所に置き、売り場スペースをたっぷりとって、「本日特売」「本日限り」といったシールをつけたり、「おすすめ！」と手書きしたPOP広告をつけたりします。

売り場でははっぴを着た店員が「安いよ！　おいしいよ！」と声を張り上げて、その場で一口大に切ったステーキ肉をジュージュー焼いて、香ばしいにおいを漂わせ、試食を勧めたりします。

ここではまさにボトムアップ情報、つまり五感（視覚、聴覚、味覚、嗅覚、触覚）から入る情報を操作しています。

ステーキ肉のパックをカゴに入れた買い物客は、自分で買うことを決めたつもりでも、ほかの選択肢が思いつかなかったなら、じつは操作されていたといえるのです。

次に、ビリーフの操作例を挙げましょう。

こういう実験があります。ある講座で、被験者である受講者は「特別講師を招くことになった」と告げられます。

講義に先立って、その講師の紹介がおこなわれました。あるグループの被験者は「非常にあたたかい人」、別のグループの被験者は「いささか冷たい人」と聞かされました。

講義の後で、被験者は講師の印象を評定するように求められました。

その結果、前者のグループのほうが後者のグループより講師を好意的に評価しました。

この例では、事前にトップダウン情報、ここでは「先入観」というビリーフを操作して、ボトムアップ情報（講師の外見、声、しぐさなど）の処理、受け止め方を特定の方向に誘導しています。

この場合においても、やはり被験者には自分の考えが操作されたという自覚はありません。

「たしかに効いた」「みんなもいっている」がそろうと効果的

ビリーフの操作は、ビリーフがつくられる段階や入れ替わる段階でもできます。

ビリーフが形成されるときには、個人的リアリティと社会的リアリティに支えられるということは述べましたが、この２つが合わさるとさらに強力です。

つまり、「たしかに効いた」と個人的に体験していて、「みんなもいっている」と周囲に**も認められた場合**です。

たとえば、ある若手営業マンがＡという栄養ドリンクを飲んで「頭も体もスッキリした」と感じ、それを先輩に話し、先輩から「俺も飲んでるよ、あれいいよな」といわれると、若手営業マンの中では、「Ａという栄養ドリンクはよく効く」という強いビリーフができあがります。

あるいは、それまで「栄養ドリンクなんて効かない」と思っていたとしたら、そのビリーフは「Ａはよく効く」に入れ替わります。

また、オウム真理教のような破壊的カルトでおこなわれていることについては後でくわしく説明しますが、そういったカルトではこの合わせ技がビリーフの操作に意図的に利用されています。

たとえば、入会して間もない信者が、過酷《かこく》な環境で修行をするうちに「体が熱くなった」という一種の神秘体験をしたら、周囲の先輩信者たちは、「それはいい。解脱《げだつ》への第一歩だ」とその体験を支持します。

しかも、その内容は所属する内集団の信じるところに沿っているので、矛盾《むじゅん》を感じたり、悩んだりすることもありません。これは非常に安心できて、ラクな状況です。閉ざされた集団であればなおさらのこと、ビリーフは堅固《けんご》になります。

人間の行動は状況によって左右される

人間の思考や意思決定は、間接的に操作されることもあります。

そのなかでも影響力が大きいのは「状況の力」です。

先ほども述べたとおり、私たちは「自分の自由な意志で行動した」と思いたがりますが、**自由意志だけで何かを決めていることは、じつはほとんどありません。**

人が何かを決めて行動するにあたっては、本来の素質（個人の趣味や嗜好《しこう》、クセ、欲求、能力、性格など）以外の要素が大きく働きます。

つまり、**他者や社会から、「見えない力で、ある行動をとるように仕向けられている」**のです。

単純な例を挙げれば、高価なゴルフクラブがほしいと思っても、家族のひんしゅくを買うのではないか、接待ゴルフで皮肉をいわれるのではないか、などと考えて買うのをやめたら、それは状況の力が働いたことになります。

決定に影響をおよぼす状況の力には、いろいろなものがあります。その影響の大きさもさまざまです。

逆にいえば、そのような状況の力をうまく利用すれば、かなり強力な「武器」として、相手の思考や意思決定を支配することができます。

「状況の力」を利用する騙しのテクニック

状況の力を騙しに利用する方法は、じつに多岐《たき》にわたります。いくつか例を挙げましょう。

▼霊感商法＝不意打ちとパニックを利用

占い師や霊能者などをよそおい、悪い因縁《いんねん》があるとか、個人や家系の運勢が変わると偽《いつわ》って、神秘的なパワーを持つとする商品（印鑑、壺《つぼ》、宝塔など）を高額で売りつける詐欺です。

事前に、ターゲットとなる人にさりげなく勧誘者を近づかせて、悩みなどを聞き出させているので、弱みは把握《はあく》しています。

いざ売りつける段になったら、すでに勧誘者から得ている情報をいかにもいい当てたかのように口にします。

ここで、**ターゲットは「不意打ち」を食らいます。**初対面なのに「親しい人しか知らない」悩みや弱みをいかにも見通したように話して**びっくりさせ、冷静に考える余裕を奪**《うば》**います。**これは状況の力を利用するテクニックのひとつです。

同時に、「あなたはいい人」「あなたが家族を救ってあげなければ」と相手を持ち上げ、快感を与えて、説得をスムーズにもします。

さらには、「早くしなければ」「いまを逃したら、取り返しのつかないことになりますよ」と急《せ》かして、ターゲットの思考をパニックに追い込み、判断を狂わせます。**パニックにおちいると、人はそれ以上考えるより、目の前にあるものに飛びつく傾向があります。**

▼点検商法＝タダで安心させてから、不安を煽る

自宅に訪問してきて、「無料で点検サービスをしている」といって安心させた後、「古いので買い替えが必要」などとして、消火器や警報器、換気扇、フィルター交換などを押し

愛読者カード

ご購読ありがとうございました。今後の参考とさせていただきますので、ご協力をお願いいたします。また、新刊案内等をお送りさせていただくことがあります。

【1】本のタイトルをお書きください。

【2】この本を何でお知りになりましたか。

1.書店で実物を見て　2.新聞広告（　　　新聞）
3.書評で（　　　）　4.図書館・図書室で　5.人にすすめられて
6.インターネット　7.その他（　　　）

【3】お買い求めになった理由をお聞かせください。

1.タイトルにひかれて　2.テーマやジャンルに興味があるので
3.著者が好きだから　4.カバーデザインがよかったから
5.その他（　　　）

【4】お買い求めの店名を教えてください。

【5】本書についてのご意見、ご感想をお聞かせください。

●ご記入のご感想を、広告等、本のPRに使わせていただいてもよろしいですか。
□に✓をご記入ください。　□ 実名で可　□ 匿名で可　□ 不可

郵 便 は が き

切手をお貼りください。

102-0071

東京都千代田区富士見一―二―十一
KAWADAフラッツ一階

さくら舎 行

住 所	〒 都道府県		
フリガナ		年齢	歳
氏 名			
		性別	男 女
TEL	( )		
E-Mail			

さくら舎ウェブサイト www.sakurasha.com

つけてきます。

法律で義務づけられていると偽ったり、役所の職員、消防署員などの公的な身分を騙《かた》って、それらしい身分証明書を見せたりすることもあります。

「床下を点検したらシロアリがいた」と、すでに準備してきたシロアリの死骸《しがい》を見せて、**不安や恐怖を煽《あお》ったり、「放っておいたら家が崩れる」といったりして、ターゲットをパニックに追い込みます。**

▼催眠商法＝雰囲気にのまれる状況をつくる

人だかりをつくっておいて、食料品や日用品を無料で配布したり、あるいは激安で売りさばいたりするのを見せながら、ターゲットを「**早い者勝ちで、買わなければ損だ**」と**いう興奮状態に持ち込みます。**そうしたうえで、その場の勢いにのせて思考を浅くさせて、本当の目的である羽毛ぶとんなどの高額商品を売りつけます。

催眠《さいみん》商法というと、一般的には催眠術が連想されますが、催眠術そのものを使うわけではありません。**催眠術にかかった集団のように雰囲気にのまれている状態を利用している、**という意味です。

このような集団の力の利用も、騙しのテクニックのひとつです。人は一人でいるときと、集団でいるときとでは、いろいろな点で行動が変わるのです。この点についてはまた後で説明しましょう。

▼キャッチセールス＝返品OKの「ローボール商法」

繁華街の路上で声をかけて、立ち話から入って、最終的には業者の店舗やオフィスに連れていき、かなりしつこく高額な商品（エステ、化粧品、補整下着などの美容関係、英会話スクールチケット、絵画など）を販売します。

美容系であれば、「特殊な装置を使って撮影したシミの元」などの画像を見せて、科学的であることをよそおいながら、リアリティをつくります。さらには、「放っておいたらこんなふうになる」というように、不安感を煽るテクニックもよく使います。

また、キャッチセールスに限らないのですが、「効果がなければ全額返金」という文言もよく目にしませんか。

これは、**ターゲットにとって受け入れやすいことから提示していく「ローボール商法」**のひとつです。「試してダメなら返せばいい」という気安さを最初につくり上げて、誘い込むテクニックです。

「ローンでもいい」というのも同じです。代金が30万円する商品でも、「1日あたりコーヒー1杯分」といわれると買ってもいい気になってしまうのです。

オウム真理教のような破壊的カルトが、最初は「学習サークル」と称して近づいてきたりするのも、ローボール商法です。

▼デート商法＝「ドア・イン・ザ・フェイス」と「返報性のルール」

恋愛感情を利用して高額な商品を売りつける悪質商法です。電話勧誘、ＳＮＳ、婚活サイト、合コンなどでターゲットを見つけ、ある程度仲良くなったところで、高額な商品を買わせます。

販売員は、「買わないと嫌われるかも」という、不安感を煽るテクニックを用います。

最初は法外に高額な商品を提示して、「絶対に無理、高すぎる」といわせておいて、徐々に値段の低いものを出してきて、「これくらいなら買えるかも」と思わせることもあります。もちろん、最初から売りつけるつもりだったのは、価格が安いほうの商品です。

これは**「ドア・イン・ザ・フェイス」と呼ばれるテクニック**です。

セールスマンが断られることを前提に、訪問先のドアから顔をのぞかせるといった行為に由来するもので、デート商法に限らず、振り込め詐欺、架空請求、霊感商法などあらゆる詐欺で使われています。

通常のセールスやビジネスの交渉場面でも使われます。最初に難度の高い要求を出して、相手にいったん拒否させ、それから要求水準を下げて、最終的には当初の狙いどおりの要求を通す話法です。

人間には、相手に何かしてもらったらそのお返しをしないといけない、と感じる心理があります。これを「返報性《へんぽう》のルール」といいます。

先ほどのセールスでも、最初の高額商品を断ると、ターゲットはなんとなく後ろめたい気持ちになります。次に、価格の安い商品を見せられると、後ろめたさを解消するために「これくらいなら」と、相手に譲歩してもらったことに対する〝お返し〟をしてしまうのです。

そのほか、デート商法では、販売員が急に冷たい態度をとることもあります。相手に不安を感じさせて、期待に沿うように仕向けるのです。

ただし、相手を完全に恐怖におとしいれることはしません。そんなことをすると逃げられてしまうからです。**人は、「恐怖を感じるから」いうことをきくのではなく、「恐い人」のいうことをきく**のです。

完全にパニックにおちいると、合理的な行動はできません。**パニック寸前で思考がまだ働くとき、人は最も依存的になります。**そこを狙うのです。

このように、思考を操ろうとする人は、状況の力をじつに巧みに、複合的に利用しています。このような事例からは、ターゲットにされている人が、そのあいだは完全に思考を支配されていることがよくわかります。

健康食品をすすめる博士は「権威づけ」のテクニック

ビリーフの形成に大きく影響する要因として挙げた権威づけは、騙しによく使われるテクニックでもあります。

これまでの例では、点検商法で、法律で義務づけられていると偽《いつわ》ったり、役所の職員、消防署員など公的機関の身分を騙って、それらしい身分証明書を見せたりするのも権威づけの手法です。

権威づけのテクニックは、健康食品の販売では定番といってもいいでしょう。

「ガンが消える」「細胞が活性化する」などとうたったさまざまな製品が、いかにも「エビデンス（根拠）」があるかのように出回っています。

白衣を着た、いかにもその分野の専門家らしい人が「私も推薦します」という言葉を書いていたり、どのような内容かよくわからない実験の結果がいかにもそれっぽくグラフに表されていたりします。

専門家らしく見せるためには、誰でも名乗れる肩書がついています。「研究所所長」「教授」「ドクター」「博士」などはその典型です。

結果についても、少し突っ込めば実証性がないのは明らかですし、実際のところは個人差があって効果が出る人もいれば、出ない人もいますから、効いても効かなくても反証のしようもないというレベルです。

よく**「効果には個人差があります」「個人の感想です」などと小さな字で書き添えられているのは、いい逃れの材料**です。

「特定保健用食品（トクホ）」や「機能性表示食品」は国から求められた試験をおこなって、その効果が立証されているものですが、その内容は「その実験の条件をそのまま再現すれば、穏やかな効果が期待できる」というものです。

「飲みすぎの翌日はトクホ」「機能性食品でやせる」というのは、期待や思い込みにすぎません。

とはいっても、**あなどれないのは「プラシーボ効果」**です。

「プラシーボ」とは「偽薬《ぎやく》」のことで、外見は薬のようでも、効き目を持つ成分は一切配合されていません。

それでも、**効き目があると信じてこの偽薬を飲むと、暗示の力が働いて、実際に効果が出ることが少なくない**のです。このような暗示の心理的な効果は無視できません。

また、期待や思い込みがあると、その効果のように思えるものが日常生活の中でことさら目につくようになります。

毎日チェックしている朝の占いで「思いがけないサポートがあるかも」と書いてあったために、ふだんなら気にとめないようなことでも「もしかしたらこのことかな」と思ってしまうような場合が、これにあたります。

つい周囲に合わせてしまう「多数者効果」

思考や意思決定には、「集団の力」も大きく働きます。

集団の力というと、大勢に囲まれて、いうとおりにしないと何をされるかわからないというような、身の危険を感じる状況を想像するかもしれません。そういうこともないわけではありませんが、集団の力はたいていの場合、もっと複雑に働きます。

まず、人は、**自分にとって不確かなことがらについては、大勢の意見を受け入れる**傾向があります。自分より相手のほうが正しいように思ってしまうのです。

身近な例では、グルメサイトで高得点を獲得《かくとく》している店や書店でベストセラーになっている本は「みんながいいと認めているのだから、いいのだろう」と思う人が多いでしょう。つまり、**売れているものが売れる**のです。

また、**悪質商法のセールスや宗教団体の勧誘は、よく2人組でおこなわれます。それもやはり数のうえでの優位性を利用しています。**話を聞いているうちに、「この人たちのいうとおりかもしれない」と思えてくるのです。

ちなみに、こういう2人組でよくあるのは、片方がもっぱら話し、もう一方はあまり口を出さず、ひかえめに相槌《あいづち》を打っているというパターンです。このようにするほうが、両方が同じ調子でまくしたてるより、思考や意思決定を操作しやすいことがわかっています。

人数がさらに多くなると、「集団幻想」が引き起こされることもあります。

たとえば、何かの間違いであやしい集会に一人で紛《まぎ》れ込んでしまったとしましょう。そこでは全員が奇妙な祈りを捧げています。もちろん、最初は「なんだなんだ、この人たち、変だよ」と思うでしょう。

でも、自分以外、全員が同じ行動をとっている場に放り込まれた場合は**「多数者効果」が働いて、「変だ」と思いながらも、「ここはそうしたほうがいいらしい」と周囲と同じ行動をとる**傾向があります。

そして、最初は疑念を感じていても、そこにいる全員が同じ判断をしているように見えると、「自分のほうが変なのか？」と思いはじめてしまうのです。そのとき、ほかに同じような人がいたとしても、誰もそれを口にしないのでわかりません。

このように、**自分だけが逸脱《いつだつ》していると信じている人が、集団の中で複数生じる現象を「集合的無知」といいます。**一種の集団幻想です。

一人のときと集団のときとでは行動が変わる

さらには、人は一人でいるときと集団でいるときとでは行動が変わります。これは社会心理学では当然のことなのですが、一般的には案外認識されていません。

人は自由意志で意思決定をしていると思いがちで、「自分は周囲に流されたりはしない」と、集団の影響を軽く見る傾向があります。

しかし、集団の流れに逆らって個を貫くのは容易ではありません。いったん集団に同調すると、最初はちょっと調子に乗ったくらいのつもりでも、あっという間に集団の熱狂状態に飲み込まれていきます。

集団の興奮が高まると、日常感覚を失い、思いもよらないような大胆な行動をとってしまうのです。

そういったことが起こる場の例としては、パニック暴動、デモ隊と警察の衝突《しょうとつ》、過激な市民運動、ファシズム運動などが挙げられます。近年、よく話題になる渋谷のハロウィン騒ぎも同じことでしょう。

オウム真理教など破壊的カルトのなかには、組織ぐるみでこのような集団心理を勧誘に利用するところもあります。

ターゲットを大規模な集会に誘い、クライマックスで人々が泣き叫んだり、念仏のようなものをとなえたり、大声で教祖を讃《たた》えたりするのを経験させるのです。

こういう状況下で感化され、陶酔してしまうと、人はいつもの自分とは別人になり、いわれたことをそのまま受け入れたり、指示に従ったりしてしまいます。

外からの情報が遮断されるとき

集団心理を持続させるために、**ターゲットを外部の情報から隔絶して、閉鎖空間に入れることもあります。外からの声が聞こえないようにする**のです。

カルトであれば、具体的には、家族や友人の悪口を吹き込んで仲違《なかたが》いさせたり、引き離してひとり住まいをさせたり、メンバーと一緒に生活させたり、寮に入らせたりといったことをします。

先ほども触れましたが、法律は、人間は個人の意思で行動するものという前提でつくられており、集団の影響は考慮しません。

しかし、そのような意思の強い人間像は、実際的には無理があると私は思っています。

4　誰でも操られる

疑り深いタイプがいちばん危ない

これまで述べてきたように、人の思考や意思決定は意外なほど簡単に操ることができます。いい換えれば、誰でも操られる、思考や意思決定が支配される可能性があるということです。

「私はもともと疑り深いから大丈夫」という人がいるかもしれません。でも、人間を「信じない」「疑り深い」「心酔する」の3つのタイプに分けると、**悪質商法やカルトにいちばん騙されやすいのは「私は疑り深い」という人**なのです。

疑り深いから、いったん話を聞きはじめると逆に怖くて逃げられなくなるのです。「そういうこともあるかもしれない」と思ってしまうからです。

そこに拍車をかけるように「やらなくてもいいんですよ。でも、本当だったらどうしますか。あなたの自由ですけどね」といわれます。それでますます怖くなります。

冷静に考えれば、否定的なことは偶然の確率で必ず起きます。でも、そうなると「ほら、みてごらん」といわれるのです。

占い師の予言が外れないしくみと同じです。

信じないタイプも一人では取り込まれる

「信じない」タイプの人でも、信じないという理屈《りくつ》が持てるのは、信じないグループに所属しているからです。一人になると取り込まれてしまいます。

「私、おかしくないよね？」と聞いたときに、「おかしくないよ」といってくれる人がいなくなると、ビリーフはいきなり揺らぎはじめます。

だから、**思考や意思決定を操ろうとする側はターゲットを一人にしようとする**のです。

たとえば、宝石や着物の販売会などでも、一人のターゲットに複数の担当者がついて、ほかの人たちとコミュニケーションをとれないようにします。

「それほどのものじゃないと思わない？」「本物じゃないわよね」というような会話や目配せができないなか、会場内でほかの人たちは納得して買っているらしいのを見ると、自分の見る目のほうがおかしいのかと思ってしまいます。

カルトであれば、先ほども述べたように、家族から物理的に引き離すという手段をとることもあります。物理的に隔離できない場合でも、時間的に制約すれば人間関係を断ち切ることは可能です。

学生であれば、授業が終わったらすぐ来るようにいいます。そして夜11時頃までメンバーと一緒に活動させて、帰らせます。朝起きたら学校に行き、授業が終わったら、またメンバーと夜遅くまで活動です。

そうなると、友人と「どう思う?」という議論もできません。

また、しようと思っても、現代は、友達同士で社会問題や政治、自分の考えについて議論する習慣が失われています。そうしたい気持ちはあるのかもしれないのですが、お互いに暗黙のうちに牽制《けんせい》しています。

むしろ、本音を話せるのはカルトのメンバーだけということになります。完全に取り込まれるまで、それほど時間はかかりません。

学生で特にこういう状況におちいりやすいのは、新しい生活における人間関係がまだ確立していない大学1年生です。

誠実な人ほど騙されやすい

私たちは社会生活を円滑に送るために、さまざまなルールを身につけています。「約束は守る」「何かしてもらったらお礼をする」というようなことは、普通であれば礼儀正しい、よい行為です。そういう人は誠実で信頼できます。

でも、**騙す側からすると、誠実な人こそ、非常に操りやすい**のです。

契約書にサインをさせられそうになって、「いま、ハンコを持ってないから」と逃げようとしたら、「次回でいいですよ」と次回の日時を約束させられてしまう人。

5万円の万能調理器をすすめられ、「いいものだというのはわかるけど、そんな余裕ないから」と断ったつもりが、「機能は少ないけどこれもいいのよ、これだったら1万円」と別の調理器具を見せられ、「さっきは断って悪かったから」と財布から1万円を出してしまう人。

相手の気持ちに真面目に応《こた》えようとする人ほど騙されます。いつも約束を守り、きちんと対応する人は、時と場合によっては、そうしないほうがいいことも心にとめておいてください。

思い込んだら誤りを正すことは難しい

人は一度思い込むと、後からおかしいことやつじつまの合わないことが出てきても、考えを変えません。

むしろ、自分の思い込み、そして思い込みの結果としてとった行動に合致する、都合のよい情報ばかりに目がいって、おかしな話やつじつまの合わないことには気がつきにくくなります。

あるいは、**目を向けなくなります。周囲が心配して忠告しても、聞く耳を持ちません。**

たとえば、騙されてある健康グッズを買ったとしましょう。そうすると、その後はその健康グッズを買って効果が出たという体験談ばかりに目を奪われ、効果がなかった、それどころか調子が悪くなったという体験談には関心を持たなくなります。**こういった心理を「確証バイアス」といいます。**

これは、自分を正当化したい気持ちのあらわれです。自分が騙された、操られていたと認めるのは、誰にとっても気分のよいものではありません。

そこでさらに誰かが過《あやま》ちを追及すると、ますます思い込みを強めてしまうこともあります。大金、人間関係、人生の一時期を捧げるようなことになっていたらなおさらです。

カルトであれば、学校や会社を辞めさせられていたり、全財産を寄付させられていたり、親子の縁を切らせたりもしています。**自分が大切にしていたもの、社会で生きていくためにものすごく大切にしていたものを捨てさせられているので、「もう戻れない」という心理が働きます。**

そうなると、もはや**否定的なものは見ない**のです。批判的な人や意見を見たり聞いたりすると、吐き気がするという状態にすらなります。

でも、そう思い込む前、まだ疑問を持っている段階で、「まったくデタラメだよ」ということをきちんと説明してくれる人がいれば、ほとんどの場合「そうか、危ないところだった」と引き返せます。**周囲の働きかけが救いになる**のです。

第3章　支配されやすくなってきているのか

第2章では、もともと人間には何かを信じたい気持ちがあること、その気持ちを利用する騙《だま》しは、思考や意思決定を巧《たく》みに操作しておこなわれていることを説明しました。

それにしても今日ほど、詐欺《さぎ》や悪質商法、マインド・コントロールなどが横行《おうこう》している時代はなかったのではないでしょうか。現代の日本人は、思考や意思決定が他人に支配されやすくなっているのでしょうか。

本章では、社会全体に蔓延《まんえん》している支配、いわば「大集団の支配」におもに焦点を当てます。

最初に、現代日本の社会心理の変遷《へんせん》とその背景を、各時代のアニメとからめて探ります。それから、社会全体に不安感が広がったときには、カルトや軍国主義、全体主義などの集団支配が優勢になることを見ていきましょう。

1　日本の社会心理の移り変わり

戦後～2000年代はどんな時代だったか

はじめに、現代にいたるまでの日本の社会心理の変遷を大まかに追っていきましょう。

▼戦後～60年代＝価値観が崩壊

戦前の社会秩序や価値観が敗戦で一挙に崩壊しました。旧体制が否定され、それまでは親の背中を見て、それに倣《なら》えばよかったのが、そういかなくなりました。自由に生きられるようになったぶん、個人は自分で考えて決め、行動することができるようになりました。

そのなかで1960年代には、日米安保条約改定反対を掲げる安保闘争（60年安保と70年安保の2回）を機に学生運動が盛んになり、政治的なグループが多数誕生します。過激な暴力をふるう「セクト（党派）」も登場しました。その典型は、あさま山荘事件、山岳ベース事件を起こした連合赤軍で、グループ内でも多数のリンチ殺人事件を引き起こして世間の耳目《じもく》を集めました。

▼70年代＝団塊世代の屈折

70年安保闘争の終息を境に、若者の気持ちは急激にシラケていきます。

社会の変革に失敗した若者は、それまで掲げていた理想をあっさりと捨て、スーツに身を固めて企業戦士になっていきました。

この世代がいわゆる「団塊《だんかい》の世代」です。「全共闘」世代でもあります。この時代のキーワードは「屈折《くっせつ》」です。

立派な理想は掲げたものの、結局失敗して、その失敗をきちんと後の世代に残すことをしませんでした。彼らの言葉でいえば「総括」をしなかったのです。カッコいいことをいっているだけで無責任でした。

▼80年代＝バブル世代の軽薄

屈折した世代に次ぐ世代は、頽廃《たいはい》した気持ちをそのまま引き継いだ「シラケ世代」です。大学に入っても、社会を変えるなんて無理なので自分が楽しければいいという風潮になってきていました。

一方、経済は急激に拡大し、気持ちはシラケたまま、若者でも大金を手にするようになります。ジーパンにTシャツ姿でピースサインをしていた70年代の若者の姿はすっかりなくなりました。

代わりに、小説『なんとなく、クリスタル』（田中康夫《たなかやすお》著）に代表されるように、スポーツカーに乗り、ブランド物で着飾った大学生が登場しました。いわゆる「バブル世代」です。この時代のキーワードは「軽薄」でしょう。

自分らしさも夢も、お金で買えるという気持ちが蔓延していました。

▼90年代＝自分探し世代の迷走

しかし、バブルが崩壊して不況になると、バブル世代の軽い生き方はつづかなくなりました。次の世代の若者は、前世代の拝金主義を否定し、精神の幸せを求めるようになりました。「モノ」から「心」へ重点が移ったのです。

終身雇用も崩れ、前の世代までは、就職したら一生その会社に勤めるつもりの人たちが主流でしたが、この世代からは転職も珍しくなくなり、会社を辞めて海外を放浪するという人がいても驚かれなくなってきました。

一世代、二世代前の人たちには「いいかげんだ」「根性がない」といわれても、この世代はきわめて真剣に「自分探し」をしたのです。前の世代に比べたら、非常に真面目だったといえるでしょう。

ただ、彼らにとって困難だったのは、成功のモデルがなかったことでした。だから、個人の変革や啓発を求めては挫折《ざせつ》もしました。この時代のキーワードは「迷走」だといえます。

この世代の一部は、オウム真理教のような新興宗教や自己啓発セミナーなどにその答えを求めます。屈折の世代がみずから社会を改革しようとしたのに対し、オウム真理教に惹《ひ》かれた若者たちは、「個人が解脱《げだつ》、つまり覚醒《かくせい》して自己変革すれば社会を変えることができる」といわれ、それを信じました。

▼2000年代＝バラバラな個人の混沌

2000年代、経済の停滞はつづき、明るい社会の未来像はいっこうに見えず、世の中はどんどん閉塞《へいそく》感に包まれていきます。モデルはさらになくなり、バラバラな世の中になりました。

インターネットの登場が社会を一変させました。情報の洪水のなか、正しいものがわからなくなり、自分で決めるということができなくなりました。この時代のキーワードは「混沌《こんとん》」でしょう。

ＳＮＳが広まると、同じ価値観を持つ人たちだけが集まり、都合のよいメンバーだけでグループがつくれるようになりました。そうすると、自分の周囲には自分の意見に賛同してくれる人しかいません。

自分で決めることができなくなった人たちは、「自分は正しい」「間違っていない」というようすがをネットの「いいね」に求めるようになっています。

アニメは時代の特徴とリンクしている

興味深いことに、アニメは各時代の特徴とリンクしています。テレビアニメが広く人気となった70年代以降、子供の頃にアニメから受け取ったメッセージは、大人になってからの生き方、人生との向き合い方に反映されているようです。時代ごとにきっちり分かれるわけではなく、多少前後するものもありますが、大まかな流れとして見てください。

▼70年代＝「頑張れば夢はかなう」スポ根もの

屈折世代、つまり団塊の世代については、子供の頃から日本のテレビアニメを見ていたという世代ではないので、完全に一致はさせられないのですが、軽薄世代、バブル世代あたりが子供の頃に見ていたのは、『巨人の星』『アタックNo.1』『エースをねらえ！』といったスポーツ根性ものでした。

背景には、巨人が9年連続でセ・リーグ優勝と日本シリーズ制覇《せいは》を果たしたり、東京オリンピックの女子バレーボールで日本チームが金メダルを獲得したことなどがあります。

これらのアニメに共通しているのは「才能より努力」「根性で頑張れば、夢はかなう」「必死に一途《いちず》に努力するのは美しい」という価値観でした。

▼80年代＝「努力より才能」の天才系アニメ

80年代に入ると、「努力より才能が勝負」のアニメが主流になります。迷走世代が子供の頃に見ていたのは『キャプテン翼』『機動戦士ガンダム』『タッチ』などです。

天才系アニメでは、才能が突然開花するなど、もともとスーパーヒーローになるべくして生まれた人たちが活躍します。

前の世代のアニメには練習シーンばかり出てくるのに、この世代のアニメには試合のシーンのほうが圧倒的に多いのです。練習なんていらないかのようです。

「努力や忍耐は時代遅れ」「才能がなければヒーローにはなれない」「才能ある者だけが夢

をかなえる」という意識が子供の頃に植えつけられています。

▼90年代＝「超人だけが活躍する」ファンタジーアニメ

この時代は「人間ではないもの」が活躍するアニメが人気になります。混沌世代は子供の頃、こういうものを見ていました。『ドラゴンボール』『北斗の拳』などです。「努力すればヒーローになれる」「天才だったらヒーローになれる」を経て、「誰もヒーローにはなれない」という価値観になったのです。これらのアニメで活躍するのはもはや人間を超越した存在です。

ちょうど時代的には80年代からはじまったコンピューターゲームの時代と相まって、ファンタジーの世界、身近ではない仮想的な世界がアニメでも舞台になったのです。しだいに、「夢の実現はファンタジーの世界にしかない」という意識が生まれます。

▼２０００年代＝「人間は脇役」のサポーター系アニメ

２０００年代に入ると、人間はサポーター、育てる側に回ります。『ポケットモンスター』『甲虫王者ムシキング』などがそうです。これらのアニメでは人間の主人公は選手ではなく、トレーナー役をつとめるという構図です。選手である生物の活躍を応援して、そこに同一化することによって、まるで自分の成功のように錯覚します。

「(負けて傷つくのは嫌だから)僕の分まで戦ってくれ。その夢をサポートしたい」という思いが強調されるわけです。

夢みることが難しくなってきた日本社会

このような主流アニメの変化が象徴的に物語るのは、「夢を実現する」という夢をみることがどんどん難しくなっていることだと思います。

バブル・軽薄世代までは、昭和ヒトケタ世代の親の姿から、頑張れば社会は成り立つという意識を持っていました。経済も成長していたので、がむしゃらに頑張らなくても夢を実現することは可能だと思えたのです。

しかし、迷走世代は「才能あるものだけが夢をかなえられる」、混沌世代は「夢の実現はファンタジーの世界にしかない」というメッセージを受け取っています。アニメにもモデルを求めることができないのです。

団塊の世代は左翼思想(社会主義、共産主義)にモデルを求めましたが、そういう存在ももはやありません。

アニメからは、確かだと思えるものがだんだん消えてしまって、頼るものがなくなっていく時代の変化の背景を読み取ることができます。

2　カルトはなぜ人を引きつけるのか

自由が迷いを生む

このように時代が移り変わるなかで、社会全体が不安感に包まれると、その不安に応《こた》える、あるいは、見方によってはつけ込むような勢力や思想が登場して、人々を支配します。

カルトもそうした状況下で生まれてきました。

多くの人は、カルトと聞くと、暴力的で反社会的な過激派集団を思い浮かべるのではないでしょうか。すぐにオウム真理教に結びつける人も少なくないと思います。

しかし、先述したとおり、カルトはもともとそういう意味ではなく、「党派的なグループ」のことを指します。比較的少人数で何かを熱心に信じている信者グループのことです。反社会的な意味はなかったのです。

オウム真理教のような危険なカルトは「破壊的カルト」といいます。

なお、カルトというのはアメリカ式の呼び方で、ヨーロッパでは「セクト」といいます。同じものを指しています。

セクトというと、先述した60年代以降の学生運動が連想されるかもしれません。赤軍派が典型です。日本で最初のカルトは、学生運動のセクトであったということができます。これが日本のカルトの第一世代です。

その時代背景としては、１９４５年の敗戦・民主主義化を境に昔ながらの価値観が崩壊して、親の生き方や地域や共同体の価値観に従っていればいいわけではなくなったことがあります。

人はより自由に生きられるようになり、それだけ迷うようにもなりました。そこで、カルトとは知らずにカルトにその答えを求める人が出てきたのです。

不安な人々の前に現れたカルト

カルトが掲げる大義は時代とともに大きく変化しています。

赤軍派に代表される、学生運動が盛んだった頃のカルトが目指していたものは、社会の変革でした。理想を掲げ、個人の幸せは後回しにしても、よりよい社会をつくろうという熱い思いを持っていました。

しかし、それは失敗に終わりました。

そして、生きていくうえでの漠然《ばくぜん》とした不安がお金で解消できた軽薄世代を経て、その次の迷走世代は過去から引き継いだ教訓もモデルもなく、文字どおり迷走します。

社会を変えることに失敗したという過去の事実だけは残っているので、重点は個人の幸せに移っています。

「何が足りないのかはわからないけれど、何か足りない」

「そんなに悪い人生ではないけれど、これでいいとは思えない」

「よりよい選択肢はないのだろうか」

「いまのままでいいのだろうか」

「軽薄な生き方を変えたい」

こうした自己実現への渇望《かつぼう》にとらわれた人たちの前に登場したのが、オウム真理教のような新興宗教でした。

つまり、破壊的カルトを信じるようになるまでには、たくみな勧誘などによって引っ張り込まれる前に、そこに頼りたくなる内的要因や動機がすでにあったのです。

不安を解消する術《すべ》が見つからない社会環境のなかで、そういう思いを抱える人に、新興宗教は「正しい生き方の答えはここにある」と示したのです。

カルトが示した「正しい答え」の裏側

90年代、迷っている人たちに、オウム真理教のような新興宗教はすばらしい世界観を提供しました。

オウム真理教の場合は、「解脱《げだつ》（もとは仏教用語で、俗世間の束縛《そくばく》、苦しみ、迷いから抜け出して悟《さと》りを開くこと）なんて、そんなバカな」と思っていたのに、「できるから、やってみろ」といわれて、実際にやってみたら、自分が変わることができた気がしたのです。

彼らを支えたのは「神秘体験」でした。その神秘体験をもたらしたのは、食事や睡眠を奪《うば》われた状態での過酷《かこく》なヨガ修行による幻覚なのですが、「眠っていたエネルギーが開発された」と説明されて、本物だと思ってしまいました。

体験したので、リアリティがあったのです。

オウム真理教は、「３万人解脱して、修行者として生まれ変われば、世界を救うことができる」とまでいって、真面目な迷走世代の使命感に火をつけました。

第一世代のカルト、すなわち団塊・屈折世代のカルトは「社会をよくすれば個人も幸せ**になる」**と訴えましたが、**迷走世代のカルトは「個人がよくなれば（解脱すれば）社会は変えられる」**といったのです。

どちらにしても幻想だったわけですが、時代背景からすると、どちらも非常にリアルで魅力的でした。

もちろん、オウム真理教にしてもそうですが、カルトに入るときは、カルトだと思って入るわけではありません。「とてもすばらしい集団」「ここなら夢がかなう」「自己実現ができる」「いまより幸せな未来が手に入る」と信じているのです。

しかし、幸せになれるはずはありませんでした。すでに述べたとおり、一般的に健全といわれている宗教と違って、カルトは「不幸をダシに縛《しば》る」のです。

「こうしなければ不幸になる」といって、**全財産を巻き上げ、人間関係や仕事や目指して**

きた夢など、大事にしていたものを捨てさせます。

カルトはそれをマインド・コントロールでおこなっていました。

マインド・コントロールはかなり一般的な言葉になっているので、だいたいの意味は理解されていると思いますが、社会心理学的にあらためて定義しておくと、トップダウン情報とボトムアップ情報の両方を操作して、意思を特定の方向に決定づけることです。

個人の元のビリーフ・システムは意思決定の場から取り去られ、新たなビリーフ・システムに置き換えられます。個人のアイデンティティはまったく別物になってしまいます。

マインド・コントロールについては次章でもう少し深く解説します。

3 不安や依存は「支配される」の第一歩

軍国主義というマインド・コントロール

本書のプロローグで、誰でもマインド・コントロールにかかる脆弱性《ぜいじゃく》を持っているという話をしました。それでもまだ、マインド・コントロールなんて本当にできるのかと訝《いぶか》しく思う人や、自分はマインド・コントロールなんかされないという人がいると思います。

では、戦前・戦中の日本社会を思い浮かべてみてください。

人々は戦うしかないと決め、「鬼畜米英」「一億玉砕《ぎょくさい》」といったスローガンを掲げました。そこに、思考や意思決定が支配されているという自覚はあったのかどうか。

情報が統制されていたなどの状況を考え合わせると、閉鎖された集団の中で、人々は実質的にマインド・コントロールされていたといえるのではないでしょうか。

軍国主義は、戦中の不安を抱える人々にとっては、頼りやすいものだったのです。

不安定な状況に耐えられないとき、人は絶対的な支配を求めることがあります。何かにすがって、ラクになりたいと思うのです。

それは、迷っていた人々が、求めていた答えをオウム真理教の教祖にガツンと示されたとき、飛びついた心理に重なります。

共産主義というカルト

共産主義もカルト的なところがあります。ソ連（ソビエト社会主義共和国連邦）を生んだロシア革命はプロレタリア革命、つまりプロレタリアートが暴力によって国家権力を握った暴力革命です。当初はこの暴力革命を世界に輸出して世界革命を起こし、ユートピア社会の到来を目論《もくろ》んでいましたが、これは幻想でした。

その幻想は早々と消え、80年代後半から１９８９年のベルリンの壁崩壊のあたりでいよいよ行き詰まりました。そして１９９１年にソ連自体も解体します。

その過渡期には、ゴルバチョフが自由主義的な改革を開始するなどの動きもありましたが、結局はよけいに混乱して、揺り戻しのように強権的なプーチンが登場しました。

やはり、**人々は夢を見させてくれる、強いリーダーを求めた**ということになります。ここでも、**不安定に耐えられず、カリスマ的存在の絶対支配を求める心理が働いています。**

独裁体制がつづく北朝鮮は、もっとあからさまにカルト的でしょう。

どんな国でもファシズムになる可能性はある

国家主義や全体主義などの「ファシズム」を生む心理的な要因は、人間の根本的な不安だといわれています。国ごとに異なる事情が加わりますが、根底は共通しています。

たとえば、イタリアは第一次大戦後、賠償金《ばいしょう》も領土も得られず、不況におちいり、物価の高騰《こうとう》と失業率の上昇で、社会は混乱していました。それを強引におさめたのがムッソリーニでした。

ドイツも同じく第一次大戦後、莫大《ばくだい》な賠償金が課せられ、不況におちいり、国民は貧困と重税に苦しんでいました。そこで登場したヒトラーはアウトバーン（高速道路）建設をはじめ、国民の個人生活を犠牲《ぎせい》にしても、国家を力強く再生させる姿勢を見せました。国民は、これに頼ろう、これにすがるしかないという気持ちになっていきました。

日本については少し様相が異なり、ムッソリーニやヒトラーに匹敵《ひってき》するようなカリスマ的なリーダーが全権を握っていた、ということではありません。大政翼賛会《たいせいよくさんかい》をつくった近衛文麿《このえふみまろ》にしても、太平洋戦争に踏み切った東條英機《とうじょうひでき》にしても、個人でヒトラーのようなパワーを持っていたかというと、そういうタイプではなさそうです。

強いていえば、旧日本軍のような、責任の所在がはっきりしない集団体制的で、同じファシズム国家だったとはいえ、中身は違うと思います。

ただ、「一億玉砕」というスローガンに見られるように、その手法はかなり強硬で、全体主義的でした。

一気にものごとを進めるやり方は、それ以前にも、経済的・軍事的に西洋に追いつこうとして、富国強兵政策を推し進めた明治政府にも見ることができます。

では、この「日独伊三国同盟」の3ヵ国が、特にファシズムに流れやすい国なのでしょうか。そうではなく、その可能性はどの国にもあります。

〝自由主義と民主主義の守り神〟アメリカですら、米ソの冷戦下にあった50年代に、共産党員とシンパを弾圧する「赤狩り」旋風《せんぷう》が吹き荒れました。

自由の擁護《ようご》という名のもとにおこなわれた赤狩りでは、チャップリンをはじめ、多くの著名人・文化人が自由な活動の場を奪われたのです。

全体主義は一定の成果はあげる

全体主義は個人の犠牲《ぎせい》も強いるものの、意思決定が早く、強引であっても一気にある程度の成果はあげることから、不安に疲弊《ひへい》して、手っ取り早くそこから抜け出したくなっている人々には魅力的に映ります。

社会不安が強くなれば、どこであっても全体主義的な勢力が強くなる土壌はあります。

ヨーロッパでも、ネオナチなどの活動は今日も根強くつづいています。いまの社会に不満を持っている人たち、特に若者のあいだでは、そのような勢力に対する期待もあります。

アメリカでは、トランプ大統領の就任後、近未来全体主義国家を描いたジョージ・オーウェルの小説『一九八四年』が大人気になりました。もしかしたら、そのような時代が到来するかもしれないという危機感があるのでしょう。

日本でもこの本はふたたび読まれているようです。「自民党政権の強権化、一党独裁化」を危惧《きぐ》する声も聞かれます。一方、「安倍政権がつづいているからこそ、日本は長引く不況から脱することができた」と見る人もいます。

こういった様相は、いまという時代の日本の社会不安のありようを如実《にょじつ》に反映しているといえるでしょう。

全体主義に染まっている学校教育とスポーツ界

「日本は民主主義なのか」とアメリカ人に聞かれることがありますが、たしかに全体主義的な性質は一貫して強いといえます。民主主義が大事、自由主義を守るというような議論は、一部をのぞき、あまりおこなわれません。

学校社会を見ればそれがよくわかると思います。

たとえば**高校野球**では、**優勝したら監督のインタビューからはじまります。なぜ選手が**

主役ではないのでしょうか。これはとても不思議な現象です。

そういう体育系の部活にしても、体育の授業にしても、「健全な精神を教える」ことを掲げていながら、権力への服従、私生活の剝奪《はくだつ》、批判の封じ込めといった戦前の教育を引きずっている場合が多々あると感じます。

そもそも学校というのはどこも変わらず、学習指導要領にもとづいて指導をおこなっています。教師側の自由というものがあるはずなのに、教えている内容も教え方もどこもほとんど変わりません。

日本では、学校教育そのものが全体主義にかなり染まっているのではないでしょうか。

日本では、**スポーツ界にも全体主義とカリスマ支配が根づいています。**学校のクラブ活動や部活などで無意識のうちに経験した人も多いかもしれません。

全体主義でやっていると、短期戦には強くなります。監督やコーチの下で一丸となってがむしゃらに闘うわけですから、成果は出やすいでしょう。

一方、日本のスポーツ界の弱みはそこだともいわれています。全体主義で指導されてきた選手たちには、「自分で考えて動く」という習慣が身についていません。

それに加えて、「気合があれば勝てる」というような精神論がまだまだ強いので、長期戦をつづけていけるだけの理論による裏づけを持っていないのです。

カリスマ支配がおこなわれていることは、近年のスポーツ界の話題を見ればわかると思います。２０１８年はスポーツ界の不祥事が相次ぎました。

悪質タックル問題の日大アメフト部・内田前監督、パワハラ問題の女子レスリングの栄《さかえ》前監督、選手・関係者３３３人から告発されたボクシングの山根前会長などは、従わなければ罰を与えるということをしていたわけですから、かなりの「圧政」で支配をおこなっていたといえるでしょう。「オレを信じろ、任せろ」と強要するところは、カルト的でもあります。

高校野球でも、「監督を信じろ」という思想を強く持ち込むと、部員はやがて「監督は神」などといい出したりします。

指導者や上司、あるいは憧れる人物に対して、尊敬できる、あんな生き方がしたい、教えてもらいたい、という気持ちを持つのは自然ですが、依存になると危険です。

指示がなくなったところで、生きていけなくなるからです。

身近なところにある「ミニ支配」

閉鎖的な集団で、リーダー的な人がいて、その人の支配の下でメンバーが依存しているという関係は日常的に存在します。

たとえば、地域で愛好者が集まっているクラブでも、リーダー的な人がイベントの日程や対抗試合の参加の是非《ぜひ》など、なんでも決めてしまっているようなところがあります。

そこでよく見られるのは、メンバーも「考えるのが面倒だから」「あの人に決めてもらったら早いから」と完全に依存してしまっていることです。

つまり、**支配されている状態をラクだと感じている**のです。

こういう場合は、そのリーダー的な人がいなくなったとたんに、クラブの活動が沈静化してしまったりすることがよくあります。

支配と依存の関係は、集団でなくても、一対一でも存在します。

たとえば、タレントの中島知子《なかじまともこ》さんが占い師のいいなりになっていたと話題になったことがありました。

いくら傍目《はため》には「仲のいい二人」であっても、一方がすべて決めていて、一方が従っているばかりでは、支配と依存の関係になっています。

多くの場合、支配している側は「私が決めなきゃ」と思っていて、依存しているほうは一人になったら何も決められず、行動もできなくなっています。

日本の「同調圧力」の特徴

日本で全体主義や集団主義が受け入れられやすい理由のひとつに、「和をもって貴しと為《な》す」とする美徳があります。

でも、それと、最近何かとよくいわれる「同調圧力」とは別物だと私は考えています。集団同調の心理は日本だけでなく、世界中にあります。

ドイッチとジェラードというアメリカの学者は、同調には「規範的同調」と「情報的同調」があるといっています。「規範的同調」は仲間外れにされたくないから同調すること、「情報的同調」は多数にいわれたことが正しいと思うから同調することです。

ただし、そこでは、何に同調するのか、その望まれる行動は明らかにされています。つまり、欧米の集団同調の圧力は明示された意見に対する同調です。

一方、日本では、同調する前に「忖度《そんたく》」が求められます。命令されてもいないことをくみ取らなければならない、言葉や態度にあらわれない相手の本意を読み取れ、という圧力がかかるのは日本的です。同調することそのものへの圧力ではなく、「察しろ」という圧力といえます。

それゆえ、階層化した組織で、各部署がほんの少しずつ忖度した結果、末端において、誰もが求めていないほどがんじがらめな不自由さを生んでしまう、ということになるのです。

安倍首相の森友学園問題で話題になった「忖度」ですが、この言葉が欧米ではなかなか理解されない、正確にニュアンスを伝える言葉に翻訳できないということを考えると、日本の文化・社会に特徴的な同調圧力があるというのは確かなようです。

ことさらに日本は特別と主張する「日本特殊論」には安易に与《くみ》すべきではないと思いますが、「日本は同調圧力が強い」と思う人は、もしかしたら空気を読みすぎているのかもしれません。

第4章　人を支配するテクニックの恐怖

ここまでは、小集団による短期的支配、社会全体におよぶ大集団の支配をおもに見てきました。

本章からは、小~中集団による支配が長期的につづくケースを考察します。

詐欺や悪質商法などの短期的な支配は、騙《だま》す側の目的が達成された時点で終わり、騙された側はすぐに目がさめるものです。

しかし、長期的な支配は、内集団に取り込まれてビリーフ・システムが置き換えられ、そこから抜け出すことができないので、ややもすれば半永久的につづきます。

邪悪な集団に完全に取り込まれると、思考を乗っ取られた状態になります。犯罪に手を染めさせられることもあります。しかも、罪を犯しているという認識もなくなります。

普通の人がどのように、そのような恐ろしい力にからめとられていくのでしょうか。

そこまで思考を、さらにはその人のアイデンティティを変えてしまうテクニックは、いったいどのようなものなのでしょうか。

1 禁断の思考改造実験

人は誰でもアイヒマンになりうる――「ミルグラムの服従実験」

人の思考や意思決定は簡単に操作できるというのはすでに述べたとおりですが、それを明確に示す実験があります。有名な実験を２つ紹介しましょう。

１つ目の実験は、イェール大学の心理学者、スタンレー・ミルグラムが１９６０年代におこなった実験です。

この実験の被験者は20～50歳のアメリカ人男性２９６人でした。被験者の内訳を職業別に見ると、労働者階級が40パーセント、ホワイトカラー、ビジネスマン、セールスマンが40パーセント、専門職が20パーセントとなっていました。つまり、当時のごく一般的な市民の代表と考えられます。

被験者には「記憶におよぼす罰の効果」を調べる実験だと伝えられました。

被験者はペアを組み、一人が教師として罰を与える役、一人が生徒として記憶課題をこなす役をすることになっていました。

でも、じつは生徒役は「サクラ」でした。役割分担はクジで決められましたが、そのクジには仕掛けがしてあり、真の被験者は教師役と決まっていました。

実験で、教師役と生徒役は別々の小部屋に入れられ、インターフォンを通じてお互いの声が聞こえるようになっていました。実験者は教師役と同じ部屋にいて、彼らの背後の少し離れたところに座っています。

教師役の手元には電気ショック発生器が置かれています。生徒役が課題の答えを間違ったときに罰として電気ショックを与えるためです。

電気ショック発生器には30個のスイッチが並んでいて、15ボルトから450ボルトまで15ボルト刻みで強度を徐々に上げられるようになっていました。スイッチには「かすかなショック」「中程度」「強烈」「危険、強烈なショック」という表示もついていて、それぞれの刺激がどれほどのものかわかるようになっていました。

「危険、強烈なショック」では命の危険もあります。教師役はそれも知らされていました。なお、あらかじめ45ボルトの電流を体験させて、本物であることを信じ込ませていました。

教師役は生徒役が間違うたびに電気ショックを与え、間違いがつづくと電気ショックを1段ずつ強くするように指示されています。でも、実際の実験中、被験者に電気ショックが与えられることは一切ありません。

生徒役はインターフォンを通じて聞こえてくる質問に答えますが、わざと間違うように指示されています。そして、与えられているはずの電気ショックの強さに応じて、「うめき声をあげる」「絶叫する」「壁を叩《たた》いて実験中止を求める」「無反応になる」などの反応をすることになっていました。

その反応に対して、教師役が電気ショックを与えつづけるのを躊躇《ちゅうちょ》した場合、実験者は「迷うことはありません。つづけてください」と威厳のある声でいいます。それでも躊躇したら実験は中止されました。


以上が実験の概要です。教師役の被験者はどこまで電気ショックを与えつづけたと思いますか。生徒役の反応がどのようになったところで、もうこんな実験はやりたくないといったでしょうか。

ミルグラムは、実験に先立ち、40人の精神科医に結果を予想させていました。彼らは、多くの被験者は150ボルトまででやめるだろう、450ボルトまでつづけるのは1000人に1人くらいだろう、と考えていました。

ところが専門家のはずの精神科医の予測はあてにならないもので、実際のところ、被験者は予想をはるかに上回るレベルで電気ショックを与えつづけました。年齢も職業も関係なく、**60パーセントを超える人たちが最高レベルの450ボルトまで電気ショックを与えることをいとわなかった**のです。

被験者は実験後、なぜそのようにしたのかを聞かれ、一様に**「命令されたからだ。私のせいではない」と答えました。**

つまり、非人道的なことでも、イェール大学の教授という権威ある専門家の命令なので服従したというのです。

この実験は、直前におこなわれたアドルフ・アイヒマンの裁判から着想を得ているので、「アイヒマンテスト」「アイヒマン実験」とも呼ばれています。

アイヒマンはナチス政権下の将校で、ユダヤ人大量虐殺《ぎゃくさつ》の責任者の一人です。アイヒマンは戦後、逃亡先のアルゼンチンで発見されたのち、イスラエルで裁判にかけられ処刑されました。

裁判で、アイヒマンは「なぜあのようなことをしたのか」と訊かれ、「上からの命令に従っただけ。私のせいではない」と答えたのでした。

裁判を傍聴していた哲学者のハンナ・アーレントは、アイヒマンが残虐《ざんぎゃく》な人物でもなんでもない凡庸《ぼんよう》な小役人であったことを知り、『エルサレムのアイヒマン――悪の陳腐さについての報告』（みすず書房）を書き、「人間は誰でもアイヒマンになりうる」と結論づけました。

ミルグラム実験は、アーレントが指摘したとおり、**「権威ある人に命令されると、人は思考することをやめる」**ことを示しています。

役割が変わればアイデンティティも変わる――「ジンバルドーの実験」

２つ目は１９７０年代にスタンフォード大学の心理学者、フィリップ・ジンバルドーがおこなった実験です。

この実験の被験者は一般的な大学生21人で、コイントスで10人の囚人役《しゅうじん》と11人の看守役を決めました。彼らは2週間、大学構内につくられた模擬刑務所で、それぞれの役割を演じることを求められました。

囚人役の被験者は、実験開始日、協力を依頼された警察官によって逮捕、連行され、写真と指紋を取られました。そして囚人服を着せられて、模擬刑務所に入れられました。

囚人役の被験者は、刑務所に私物は持ち込めず、実名ではなく番号で呼ばれました。また、格子窓からつねに見張られていて、手紙を書くのも、トイレに行くのも看守の許可を求めなければなりませんでした。

一方、看守役の被験者は、制服と警棒、笛、手錠、監房と門のキーが手渡され、ミラーサングラスで顔がわからないようになっていました。看守役の被験者は8時間交代で囚人を監視するように指示されました。

実験の概要は以上です。簡単にいえば、「ロールプレイ」にすぎません。それだけのことで、何が起こるというのだろうと思う人もいるでしょう。

ところが、この実験は2日目から早くも実験者であるジンバルドーも想定していなかった展開を見せます。

というのは、**囚人役の被験者は、より卑屈《ひくつ》で服従的になり、看守役の被験者はより権威的で支配的な行動をとるようになった**のです。

たとえば、囚人役の被験者は自発的な行動をしなくなり、指示に従うだけになりました。

一方、看守役の被験者は、交代時に囚人役の被験者を全員並ばせて、従わない場合には蔑《さげす》むような言葉を投げつけました。

このような傾向がどんどんエスカレートして、結局、実験は6日目で中止せざるをえなくなりました。

つまり、**被験者は、もともとはごく普通の人々なのに、役割の行動をするうちに内面まで変化してしまった**のです。

囚人はおどおどした囚人らしく、看守は居《い》丈高《たけだか》な看守らしく行動することで、認知や感情などの精神面まで変わり、本来のアイデンティティが崩壊してしまったということです。

すでに述べたビリーフ・システムという概念を使っていえば、役割行動に沿った新しいビリーフ・システムが形成されたということになります。

役割を変えさせて、ビリーフ・システムを入れ替えるのは、マインド・コントロールの手法のひとつです。手続きをシステム化すれば、その影響力を限りなく広げることも可能でしょう。

これらの実験が示しているのは、私たちが信じている「理性」はあてにならないということです。

どんな状況下でも正気でいられると思うのは過信というものでしょう。**状況次第では誰でも正気を失う可能性はある**のです。

なお、こういった実験は人間の心理を探るうえで有意義ではあっても、今日の倫理観に照らし合わせると、「こんな実験をおこなっていいのか」という意味で問題視されています。

2　暴力的に思考を変える「洗脳」

中国共産党の思想改造プログラム

マインド・コントロールとよく混同されるものに「洗脳」があります。じつは大きな違いがあるので、ここで説明しておきましょう。

「洗脳」という言葉は、１９５０年代、アメリカ人ジャーナリストのエドワード・ハンターが著書で「脳を洗う」という意味の中国語を「Brainwashing」と造語したのがはじまりです。

中国共産党は、アンチ共産主義者の人々の思想改造をおこなって、従順な共産主義者に仕立て上げようとしていました。そして、朝鮮戦争中のアメリカ人捕虜《ほりょ》にも同じやり方を適用して、スパイやスリーパーセルにしようとしていました。

そのプログラムがどういうものかというと、まず物理的に拘束《こうそく》します。囚人生活を送らせるわけです。殺されるのではないかという恐怖心を持たせたところで、アイデンティティを崩壊させるような拷問《ごうもん》を加えます。

拷問を受けると、しだいに拷問を回避するように行動が変化するのです。行動が変わると、アメとムチでいうところのアメのほうを大盤振る舞いします。

すると、しだいに新しいほうの行動が定着してきます。これを2年くらいかけておこなっていたのです。

スリーパーセルに近い男に会った話

スリーパーセルという言葉が出ましたが、私はじつはスリーパーセルに近い人物に会ったことがあります。

なお、スリーパーセルというのは各国に潜伏《せんぷく》していて、ふだんは一般市民のように暮らしながら、指令を受けたら破壊工作をおこなう工作員のことです。2018年、国際政治学者の三浦瑠麗《みうらるり》さんが、日本にもスリーパーセルがいるといって物議を醸《かも》したのを覚えている人も多いでしょう。

私が会ったのは日本人の男性で、東欧旅行後、用意された偽造パスポートで北朝鮮に行き、教育を受けて帰されてきた人です。

「会った」と書きましたが、より正確には、「彼のほうから私に会いにきた」のです。

現在はともかく、1990年くらいまでは「日本で革命を起こす。社会を崩壊させる」という目的の工作員が国内にいました。彼もそのひとりでした。

そのとき、私は「そういうやり方は、もういまの時代に合わないよね」と話しました。そうすると、「自分もそう思っている」というのです。そして、こうつづけました。

「自分も組織のおかしさに気がついている。だから狙われている。素性《すじょう》も明かせないし、どこに住んでいるかもいえないけれど、自分が北朝鮮で経験してきたことが何だったのかを知りたいから会いにきた」

現実との矛盾《むじゅん》に苦しんでいたのだろうと思います。その人はそれだけいうと去っていきました。「追われている」とのことでした。

洗脳の3ステップ「解凍・変革・再凍結」

洗脳の話に戻りましょう。洗脳という言葉が広まったのは、先ほども説明したように１９５０年代ですが、人の心を操る研究はさらに遡《さかのぼ》ります。

１９３０年代から40年代、ソ連、ドイツ、アメリカなど、世界の主だった国はそろってその研究をはじめていました。

アメリカでは、戦略情報局（ＯＳＳ）、およびその後身である中央情報局（ＣＩＡ）が中心になっておこなっていました。コードネームで「ＭＫウルトラ計画」と呼ばれていたものは特に有名です。

目的は、効果的に捕虜を尋問すること、そして捕虜を内部工作者、つまりスパイに変えることでした。

洗脳は3ステップでおこなわれていました。「解凍・変革・再凍結」です。冷凍肉のように固まっている脳を柔らかくして、変革させて、もう一度凍結するという比喩《ひゆ》です。

そこで、凍結しているものを解凍するのに、拷問が必要だと考えられていました。

拷問に用いられていたのはおもに電気ショックと薬物。薬物は幻覚剤です。

ちなみに、向精神薬は1950年代、この研究から派生的に開発されています。洗脳実験の余禄《よろく》といえるでしょう。

非常に非人道的な実験がおこなわれていました。ドイツでは敗戦でおこなわれなくなりましたが、アメリカでは冷戦時代まではつづけていたと国が公的に認めています。

拷問で脳が傷つき、信念が揺らぐ

拷問されると何が起こるのかというと、信念が揺らぐのです。

身体的なストレスであっても、そのストレス、たとえば「痛い」と感じているのは脳なので、脳に影響が及びます。

信念が揺らぐと、ついには正反対のことをいうようになります。

たとえば、「神様はいない」が「神様はいる」になったり、「共産主義は悪だ」が「共産主義は善だ」になったりするのです。痛みに耐えかねると、これほど反応がガラッと変わります。

このことを示す有名な動物実験があります。**犬に痛みを与えつづけると、そのストレス**

を受容できる限界を超えると反応しなくなったのです。この状態は「超極限的制止」と呼ばれる、大脳の防御《ぼうぎょ》反応です。

そして、そこからさらに痛みを与えつづけると、突然、逆の反応が起こったのです。

犬はこれまで尻尾《しっぽ》を振っていた飼育係に吠《ほ》えるようになり、これまで嫌がっていた実験者に尻尾を振るようになったということです。

そのメカニズムはこういうことです。かつての学習で、被験者の中で「ＡはＢだ」と条件づけられていたものが、拷問によって「ＡはＢなのか？」と揺らいでいきます。そして被験者が「ＡはＣだ」といいはじめると、拷問者は急に優しい声で「そうだよ」といい、態度を変えます。そこでご褒美《ほうび》を与えられると、その信念が強化されるのです。

痛みによって学習していたものが逆転してしまう、これが洗脳の原理です。

ジョージ・オーウェルの『一九八四年〔新訳版〕』（高橋和久訳、ハヤカワｅｐｉ文庫）で主人公のウィンストンは、洗脳される前は自分の日記にこう書いていました。

「自由とは、二足す二が四であると言える自由である。その自由が認められるならば、他の自由はすべて後からついてくる」

しかし、拷問を受けた後は、支配者側の論理をこう受け入れるのです。

「自由は隷従《れいじゅう》なり」
「二足す二は五である」

心の底まで変えることはできない

しかし、洗脳の科学的研究の結果、明らかになったのは、**どのような手段を用いようとも、内面の心の底まで変えるのは難しい**ということでした。

洗脳されたように見えても、強制が解けて自由の身になると、元の自分を思い出します。前述の、私が出会った、北朝鮮でスパイ教育を受けた日本人にしてもそうでしょう。その教育にどれほど強制的な洗脳プログラムが含まれていたかは聞けませんでしたが、実際に日本に送り込まれて、北朝鮮側から信じ込まされていたことに疑問を持つようになったのかもしれません。

新聞王ハーストの孫娘の洗脳事件

1974年、アメリカで世間を震撼《しんかん》させた洗脳事件が起こりました。

被害者はパトリシア・キャンベル・ハースト（通称パティ・ハースト）、カリフォルニア大学バークレー校の２年生でした。世間の注目を集めたのは、まず彼女が新聞王と呼ばれた大富豪ハーストの孫娘だったからです。

パティは２月３日、婚約者の家にいたところを誘拐《ゆうかい》されました。そのとき、意識を失うほど強く殴られたようです。

誘拐したのは共生自由解放軍（Symbionese Liberation Army、略称ＳＬＡ）、共同生活をしながら革命を志《こころざ》して活動する若者たちでした。

８日後、ＳＬＡはハースト家に接触、パティが無事であることを示したうえで、要求を突きつけます。ＳＬＡが求めたのは、カリフォルニアの貧しい人々に必要な食料を提供することでした。この要求を呑《の》んで、ハースト家は４００万ドルあまりを用意しました。当時の１ドル＝３００円レートで換算すれば、約12億円です。

この要求が単なる身代金要求とは大きく異なっていたため、事件はますます世間の注目を集めました。

２ヵ月後の４月３日、パティは解放されます。ところが、彼女はかつての「世間知らずのお嬢様」ではありませんでした。

そのまま帰らず、ＳＬＡに参加すると表明、親や恋人を批判して、これまでの名前まで捨て、ターニャ（チェ・ゲバラの革命同志の名前）を名乗るようになったのです。

家族は、パティは監禁されているあいだにひどい拷問を受けて洗脳されたに違いないと考えました。

周囲がうろたえているさなかの4月15日、SLAは銀行強盗をおこないます。そこにはパティの姿もありました。**銀行の防犯カメラには、仲間とともに、自動小銃を構えるパティが映っており、それがまた世間を驚かせました。**

翌年9月18日、パティも含め、SLAのすべてのメンバーが捕まりました。

いったんは革命分子になりきっていたパティですが、獄中で自分のおこないを深く反省するようになります。両親や友人が訪ねていくうちに、パティはかつての自分を取り戻しました。

裁判では、弁護士はパティが身体的および精神的にひどい扱いを受けて洗脳されたと主張、無罪を求めました。一方、検察側は洗脳というのはオーバーであり、単に他者からの影響を受けただけと非難しました。

結局、裁判では有罪判決が下され、彼女は服役することになりました。

ジンバルドーらは、パティの信念を変化させたのは、従来の洗脳とは異なる技術によるもので、さまざまな社会的影響力を組み合わせて与えたコミュニケーションによるものと述べています。

この事件は、マインド・コントロールという概念が生まれるきっかけのひとつになりました。このとき初めて、人の心と行動を変える技術が、洗脳の手法より進化したことが示されたのです。

3　言葉で操る「マインド・コントロール」

嘘と隠蔽のコミュニケーションで思考を変える

洗脳とマインド・コントロールはしばしば混同されがちですが、異なるものです。

時代や社会背景の違いもありますが、最大の違いは何かというと、拷問的な手法を使うのが洗脳、嘘《うそ》と隠蔽《いんぺい》によって情報をコントロールして本人の意思を変えようとする、つま

りコミュニケーションを使うのがマインド・コントロールです。

ポイントになるのは、強制しているか、していないかです。たとえば、誘拐して連れていったら、そこですでに強制しています。しかし、オウム真理教やイスラム過激派のＩＳはそういうことはしません。

彼らはたとえば、「いまのこの国は腐っている。俺たちのやり方がいちばんまともだ」という幻想を与えます。いわばショーウインドーで美しい世界を見せて、「ここにいたらどう？　安住の地はここしかないよ。外の世界は汚れているよ」というのです。

ですから、その言葉を聞いて中に入ってしまった人も、**拘束《こうそく》されたとは思っていません。自分の意思で入ったと思っています。**

自由意志による行動ということになるので、たとえば**悩んだ家族が警察に相談しても、誘拐された、監禁されたという話にはならない**のです。本人の責任といわれてしまいます。

ＩＳ、オウム真理教、後述する尼崎《あまがさき》連続変死事件などは、いずれも幻想を見せて、「自発的に」参加させています。

時間をかけて徐々に切り替えていく

意思を変えるという点では、洗脳もマインド・コントロールも同じです。でも、マインド・コントロールの場合は、強引にスイッチが入るわけではありません。

そうではなく、嘘と隠蔽によって、「正しい」と思っていたことを「間違っていた」と思わせるように、時間をかけて徐々に切り替えていくのです。

どうしてそんなことが可能かというと、結局のところ、誰でも同じですが、私たちが持っている価値体系は、絶対でも完璧《かんぺき》でもないからです。だから揺らぐのです。

しかも、もともと「変わりたい」という願望があったり、いままでの自分の生き方に疑問を持っていたりする人なら、「ほら、こうやったらどう？　ほらね……」といわれるうちに、だんだん納得してしまいます。

マインド・コントロールが変える５つのもの

マインド・コントロールでは次の５つのものを変えます。

①理想……完成された個人、家族や社会の像
②目標……個人が歩むべき理想への道筋

③人生観や世界観（因果《いんが》）……歴史や出来事の摂理《せつり》・法則、世界観や生きる意味
④自己……自分がいかなる存在でどうあるべきかという認識
⑤権威……誰が正しいことをいっていて、誰が間違っているのか

1つ目は理想です。とはいっても、理想というのは、変えるほどのものではありません。理想はだいたい似ているからです。

平和、繁栄、個人の幸せ、家庭の幸せ、社会の幸せといったユートピア的なものを示せば、誰であっても「そうだね」と同意することになります。ですから、この段階は容易です。

2つ目は目標です。理想だけをいっていても仕方がないので、それを現実化するための道筋を示します。それを順に目標とさせて、実現可能性をつくります。

3つ目は人生観や世界観です。理想にいたる道筋には法則性が必要です。これまでの歴史を説明し、今後どうなっていくのか、これが世界観として与えられます。

たとえば、輪廻転生《りんねてんしょう》、解脱《げだつ》、カルマの法則といったものを示して人生の意味を与え、この法則に従えばこうなるという論理体系を明らかにします。

４つ目は自己です。ここまでで理想とそこにいたるまでの道筋と法則が示されています。それをもとに、ここで「では、いまのあなたはどうでしょうか？」と問うのです。

つづいて、「まだ全然やっていないあなたは汚れていてダメな人間です。でもいま、ここで目覚めて、いったようにすればあなたは変われます」というように、自己観を変えます。「未来の自分」を見せるのです。それで「いまのあなたはダメだけれど、見どころがある」と後押しをします。

もともといまの自分に満足できていなかった人、自信がなかった人は、自分に希望を持つようになります。いまの自分を一気に変えたいと思います。解脱した後の自分を理想像に掲げて、「よし、修行を積んで解脱するぞ」と決意します。こうなると、無茶なトレーニングでも受け入れるようになります。

５つ目は権威です。ここまでで、もうすでに「自分を正しく導いてくれる人」と「嘘をいって騙《だま》そうとしている人」の区別がついています。そこで、自分にとって正しい権威者だけを残して、反対する人たちのことは迫害者、あるいは敵と見なすようになります。

権威の色分けをするのです。オウム真理教の場合であれば、教祖の麻原彰晃《あさはらしょうこう》、彼を擁護《ようご》する学者や著名人、おそらくお布施《ふせ》をもらって一緒に写真を撮らせていたチベット仏教の高位の僧侶などは「正しい権威」です。対して、政府は自分たちを迫害して帝国的な支配をしようとしている悪の張本人、新聞は信じるなという色分けがなされます。

この5つを変えるのにかかる時間は、人の事情にもよりますが、おおよそ半年から1年です。

古い自分と新しい自分の入れ替え

マインド・コントロールというのは、ビリーフ・システムの入れ替えです。新しいビリーフ・システムをつくり上げて、これまで持っていたビリーフ・システムは用なしにするわけです。

ビリーフ・システムは、先述した自己、理想、目標、因果、権威にかかわる記憶群を含んで構成される意思決定の装置です。車にたとえていえば、エンジンのようなものです。新しいビリーフ・システムが形成されると、最初は車にエンジンを2つ積んでいるような感じになります。それで、新しいエンジンのほうが速く走れる、調子がいいと実感すると、古いエンジンのスイッチはオフにされます。

マインド・コントロールされる側の感覚としては、古い自分がいて、新しい自分ができ

て、新しい自分のほうがいいと思うわけです。そう思い込ませるのが、マインド・コントロールです。

ここで大事なことは、古い自分が消えてなくなったわけではないことです。エンジンのたとえでいえば、古いエンジンはスイッチが切られているだけなので、もう一度スイッチを入れたら動きます。新しいエンジンの欠陥が明らかになれば、古いエンジンに戻そう、こっちのほうがよかったということになります。

つまり、マインド・コントロールは解くことができるのです。ただし、逆洗脳のように、拷問的な手段を使ってはうまくいきません。

実際に、日本でもアメリカでも、反社会的なカルトに入会した家族や友人を無理やり連れ戻し、監禁して、拷問のようなことをした人がいたようです。その手法でどれだけの効果があるのかは疑問です。

コミュニケーションにはコミュニケーションで対抗するのが正攻法です。脱マインド・コントロールに取り組む臨床心理士やカウンセラーたちは、言葉で自分本来の思考をふたたび取り戻させようとしています。

私が代表理事をつとめる「日本脱カルト協会」では、カルトの予防策や社会復帰策などの研究をおこない、こうした知識を普及させる活動をしています。

言葉というのは体とつながっているので、非常に力があります。結局は、言葉が決め手になります。

被害者が加害者になることも

マインド・コントロールがからむ事件では、被害者が加害者になっていることがあります。

オウム真理教による一連の事件で逮捕された信者も、表向きは自主的に入会したとしても、騙されて入会したわけですから、**はじめは被害者だったのです。**

でも、**マインド・コントロールによって、さまざまな事件の実行者に、つまり加害者になったのです。**

もちろん、殺人者になるという意識はありません。むしろ、オウム真理教の信者は「救済者」になるつもりでした。

また、兵庫県尼崎市で発覚した「尼崎連続変死事件」では、60代の女性を中心に疑似家族がつくり上げられ、その中で虐待《ぎゃくたい》や殺人がくり返されていました。

この事件では、まったく普通の高校生の女の子が、首謀者に出会い、高校生なら誰でも多少は持っている心の闇の部分につけ込まれて、心をいじくり回されて、家族の殺人にまで手を染めさせられてしまいました。

どのような場合であっても、マインド・コントロールが解けた後の苦しみは非常に大きいものです。

そこにいたるまでには、時間、財産、そして家族や友人といった大切な人間関係まで失ってしまっています。学校や会社を辞めていることもあるでしょう。元に戻せないものがたくさんあります。

そのうえ、自分が加害者になって、大切な人の人生を台無しにしてしまったのです。ご加護があるからと多額の献金をさせていたり、お金を騙し取ったり、家族や何の罪もない人まで巻き込んで、正義だと信じて体を傷つけたり、殺害までしてしまったら……。それに気づいたときの苦しみは計り知れません。自殺しようとまで思ったという人もいます。

他人の指示に従って、支配されてしまうというのは、本当に怖いことなのです。

4　マインド・コントロール下では幸せなのか

９００人超が集団自殺――「人民寺院事件」

マインド・コントロールを用いる破壊的カルトは、たびたび悲惨《ひさん》な事件を引き起こしています。

なかでも最もセンセーショナルなものは、９００人以上の死者を出した１９７８年の人民寺院（The People's Temple）の事件でしょう。

人民寺院は１９５７年、米国インディアナポリスで教祖ジム・ジョーンズにより設立されました。愛と人種的平等、暴力のない世界をうたい、拠点をサンフランシスコに移し、都市部にも勢力を拡大します。

徐々に信者を増やしていった人民寺院でしたが、一方では離反者が現れ、独裁的な教祖に対する糾弾《きゅうだん》もおこなわれるようになりました。

危機感を覚えたジョーンズは１９７３年、南米のガイアナ（旧英領ギアナ）に拠点を移し、密林の中に「ジョーンズタウン」というコロニーを建設します。

しかし、元信者の告発などから非難の声はさらに高まり、１９７８年11月、下院議員のレオ・ライアンが調査に出向きます。ライアン議員は大量の武器を発見、信者の一部が非人道的な生活を強《し》いられていることも確認します。一部の信者はライアン議員に助けを求めました。

内実が知られたことでその後の処罰を恐れたジョーンズは、11月18日午後、空港でライアン議員を自警団に殺害させます。そして、その後すぐの17時、信者を集め、人権的偏見とファシズムに反抗するという大義名分で全員に革命的自殺を命令します。

これにより、教祖の妻、愛人、幹部から末端の信者にいたるまで、９１８人が青酸カリ、鎮静剤、鎮痛剤を果物味の飲料に混ぜた毒杯をあおり、死亡しました。自殺できなかった信者は治安員が殺害しました。死者の中には２７６人の子供も含まれていました。

籠城後に集団焼身自殺――「ブランチ・ダビディアン事件」

１９９３年４月19日にテキサス州ウェイコで起こったブランチ・ダビディアンの事件も

衝撃的なものでした。

ブランチ・ダビディアンは「ヨハネの黙示録《もくしろく》」(新約聖書の巻末の書。最後の審判、新しい天と地の出現などを預言したもの)を独自解釈して、世界は間もなく終末を迎える、救済はテキサスでおこなわれると説《と》いていたカルトです。絶対権力を握っていた教祖はデビッド・コレシュで、自らを再降臨したキリストと称していました。

コレシュは仮想の敵をつくり上げて、信者に恐怖心を植えつけ、「最終戦争」に向けて軍事訓練をおこなっていました。そして1992年5月、教団に送られた手荷物の中に手榴弾《りゅうだん》50個が入っていたことがわかり、司法当局やメディアが目を光らせるようになります。

捜査に乗り出したFBIは、教団が総額20万ドルものライフル銃、機関銃、爆弾などの武器を所有していることを突き止めました。

1993年2月28日、テキサス州の教団本部に強制捜査がおこなわれました。「バビロニアの軍隊に襲撃される」という予言を信じていた信者は、捜査官をバビロニア軍隊と思い込んで激しく抵抗し、捜査官4人、教団信者6人が死亡しました。

その後、教祖と10歳以下の子供17人を含む94人の信者は51日間におよぶ籠城《ろうじょう》をつづけ、4月19日、FBIが強行突入したのを受けて、建物にみずから火をかけ、集団焼身自殺をはかったのでした。

支配されているあいだ、人はラクになれるのか

マインド・コントロールされているあいだの心情とはどのようなものでしょうか。

さんざん真面目に悩んで、それでも答えが見つからなかったところに、こうすればいいという道筋が示されるのですから、もう悩まなくていいと思った時点では、つまりマインド・コントロールが実質的にはじまる前は、喜びを感じたかもしれません。

実際にその支配下に入ると、そのような喜びはたちどころに消えていきます。

マインド・コントロールされるということは、指示に従うということです。指示に従っていればいいというのは、程度問題ではラクな場合もあるかもしれません。

しかし、悪意のある支配者に指示されることは、名目はどうであれ、つまるところ「金を出せ」であり、あるいは「身をもって奴隷《どれい》のように尽くせ」といったものです。当然つらいでしょう。

「それが幸せになるための条件です。指示に従わなければ幸せにはなれません」ともいわれます。

一時的には、正しい生き方ができている、幸せになれると思えることもあるかもしれません。しかし、**だんだん負担になることをやらされます。**しだいに自分で考えられなくなり、従わざるを得なくなります。

恐怖心を植えつけられているので、指示に従うか、従わないかの選択肢は実質的にはありません。**怖さから逃れるためには、考えずに指示に従うしかないのです。**正しいと思うのなら、自己犠牲《ぎせい》を払いなさいといわれるのです。

マインド・コントロールされている人たちは決して楽しくもなければ、幸せでもありません。幸せな気持ちになれることがあるとしたら、最初のごく短いあいだだけでしょう。「俺のことを愛しているならこれをやれ」というDV（ドメスティック・バイオレンス）の関係に似ているところがあります。実際にDVの研究者とは、共通点が多いことが話題になります。

アメとムチの支配は苦しい

マインド・コントロールされている人たちは、つらいけれど、幸せになるためには仕方ないという気持ちになっています。そういう強迫観念のなかで、悩みながら活動をつづけています。

彼らにはアメとムチがうまく使い分けられて与えられています。「考えるな。いうことを聞け」と命令される一方で、指示に従うと「ほら、指示に従ったから、こんなにいいことがあったね」と褒《ほ》められます。

そうすると、仲間意識やあたたかさを感じてしまうのです。つらかっただけ、いっそう心にしみたりもします。

また、自分は正しい方向に進んでいる、これでいいのだという思い込みが強くなります。これは、誰にでもある心理です。**大きな犠牲を払うほど、それは正しかったと自己正当化したくなる心の動きです。**

カリスマを崇拝《すうはい》することによって心が溶けていくような喜びがあるのではないか、完全服従することは一種の快楽なのではないか、と考える人もいますが、そうとはいえません。

カリスマに出会って「これで救われる」という喜びは一時的にはあるかもしれません。でも、そこからさらに踏み込んでマゾヒスティックな解釈をするのは、フロイト派にはあるかもしれませんが、私自身は人の心理はもっと繊細で情況に影響されるものだと思っています。

カルト脱会後の後遺症

そのようなマインド・コントロールが解けたら、具体的には**カルトを脱会**したら、すぐに元に戻れるかというと、それがじつは非常に困難です。

多くの場合、**さまざまな後遺症に悩まされます。**

空虚《くうきょ》感や無気力感、情緒《じょうちょ》不安定、反社会的な行動をしていたことへの罪悪感、学問や仕事を辞めたこと、夢を諦めたこと、財産や友人を失ったことへの後悔《こうかい》、現実逃避、自信の喪失《そうしつ》、孤独感、何かを指示されることへの拒否感、今後の生活への不安――こういったことが、人によっては何年もつづきます。

また、**マインド・コントロール下で形成されていたビリーフ・システムを手放して、以前のビリーフ・システムを取り戻さなければなりません。**

その際には、意思決定ができなかったり、柔軟《じゅうなん》に考えられなかったり、言葉の使い方がうまくいかなかったり、カルト内にいたときの考え方が条件反射のように出てしまったりすることがあります。

家族との関係がギクシャクしたり、人とうまくつき合えなかったりすることも多く見られます。一方では、カルト組織で一緒だったかつての仲間を心配する気持ちがわき起こることもあります。

こうした苦しみや悩みを乗り越えて、社会復帰を果たすのは容易ではありません。周囲の人たちやセラピストなどの専門家の丁寧《ていねい》な支援が必要です。

また、誰でもそうなる可能性があるということを踏まえ、「帰国子女」に対するようにあたたかく見守ることが望まれます。

なお、**カルトの中で育った子供は**カルトの価値観しか持っていません。**古い自分がないので、回復させるビリーフ・システムがない**のです。彼らに対しては、大人になってから入会し、脱会した人たちとは別の支援が求められます。

カルトの子供たちは、親に理不尽な行動を強制されたり、それが原因で一般の人々にいじめられたりといった苦しさを感じながら成長します。そんな成長過程で外部の情報に触れ、脱会の希望を抱く人も多いのです。

しかし、親やこれまでの親しい人々と絶縁するのもまた過酷《かこく》であり、内面的にだけ脱会する人もいます。

このような人々の支援の問題も、今後は重要です。

第5章　「人間支配」の事件はなぜ起きたか

マインド・コントロールを受けると、人はどのように変わっていくのでしょうか。またマインド・コントロールの呪縛《じゅばく》が解けた後、ビリーフ・システムの再構築はどのように進んでいくのでしょうか。

本章では、おもにオウム真理教と尼崎連続変死事件の例を取り上げます。その残忍さ、異様さで社会を大きく揺るがせ震撼《しんかん》させたこれらの事件に、私は被告の鑑定人として関わりました。事件の全容は解明されたとはいえず、まだまだ謎が多く残っていますが、公表資料をもとに、鑑定人として見えてきた支配の実態を解説します。

1 破壊的カルトの極北「オウム真理教事件」

数々の凶悪犯罪をおこなったオウム真理教

オウム真理教（その後、「アレフ」「ひかりの輪」などに分派）は、1985年、「オウム神仙の会」というヨガサークルをもとに、1989年、東京都の宗教法人の認証を獲得《かくとく》、オウム真理教と名乗るようになります。その後、信者数は増加、国内外に拠点を設けました。信者数は国内だけでも約１万人、出家者は約１２００人いたといわれています。

教祖、麻原彰晃《あさはらしょうこう》（本名・松本智津夫《まつもとちづお》）の主張は、世界は終末期にあり、まもなく最終戦争が起こる、神々に選ばれたものだけが生き残れるが、そこで救済者になれるのは自分と自分に従う信者であるというものでした。

このような教義を掲げる裏で、オウム真理教は数々の凶悪犯罪をおこなっていました。しかし、ほとんどの信者は教団がそんなことをおこなっているとはまったく知らず、教祖のいうとおりにすることが修行と信じて、お布施《ふせ》を集めたり、布教活動に励んでいました。

最大の犯罪は１９９５年の地下鉄サリン事件です。３月20日午前８時頃、通勤通学の人たちでごった返す東京の地下鉄３路線の５車両で猛毒ガスであるサリンを散布し、死者13人、負傷者５８００人以上を出すという未曾有《みぞう》の無差別テロ事件でした。

そのほかにも、坂本弁護士一家殺人事件、松本サリン事件、教団内リンチ殺人事件、ＶＸガス殺人事件、目黒公証役場事務長監禁致死事件、都庁小包爆弾事件など、オウム真理教が関与した凶悪事件は枚挙にいとまがないほどです。

これらの事件はいずれも、信者が教祖麻原の命令でおこなったものでした。ただし、教祖は法廷ですべての事件で自らの命令を否認し、信者のせいにしてしまおうとしました。

教団内はカリスマ的全体主義による支配

破壊的カルトはこのように、表向きは社会によいことをしているように見せかけながら、裏で悪行《あくぎょう》をおこないます。伝統的な宗教には、師が弟子を間違った道に進まないようにするなど、悪行をしないように止めるしくみがありますが、それとは正反対です。

破壊的カルトの特徴は、**犯罪行為であっても、社会的悪行と見なさないように理論武装が教義によってなされている**ことです。

たとえば、現在の法律では殺人となる罪を犯したとしても、それはいまの社会が目覚めていないからであって、真に覚醒《かくせい》したレベルからみれば、その人は救済されたのだと独善的に見なします。

信者はリーダーを絶対的に崇拝《すうはい》しています。つまり、**教団という組織内でカリスマ的全体主義による支配がおこなわれている**のです。

組織やリーダーの目標達成が最優先で、そのためであればどんなことでもするのが修行となります。困難な試練であればあるほど、喜んでそこに身を投じます。

善と信じて悪を為すマインド・コントロール

オウム真理教でも、教祖麻原のカリスマ的支配の下で、マインド・コントロールされた信者が数々の犯罪を実行しました。

オウム真理教の起こしたもろもろの犯罪について、多くの人たちは「なぜ、そんな恐ろしいことができるのか」「実行犯にはもともと罪を犯すような背景があったのか」という疑問を抱かずにはいられなかったはずです。

しかし、犯行におよんだ信者はいずれもオウム真理教に入るまでは、ごく普通の人々でした。そこに、マインド・コントロールの問題の本質があります。

マインド・コントロールの恐ろしさは、知性も教養もあり、精神的にも異常ではない人が、身体的強制を受けている状態でもなく、「善意」と信じて明らかに反社会的な行動をとってしまうことにあります。

マインド・コントロールを受けると、組織やリーダーの信念が植えつけられ、その信念にしたがう組織活動が唯一《ゆいいつ》正当な行動と考えるようになります。

組織やリーダーの信念に同化することが正しいことで、個人の独自の発想は否定されるのです。反社会的行為かどうかという個人の判断基準はないに等しくなります。

圧倒的な神秘体験にひきずられる

それにしても、なぜそのような心理状態にいたるのか、理解しがたいと思うかもしれません。いったいどのような心理操作がおこなわれたのでしょうか。

大きな影響力があるのは、神秘的な体験です。

生き方に問題や疑問を抱えていて、切実に答えを探し求めていた人に、オウム真理教は格好の神秘体験を提供しました。

神秘体験とは、ある信者にとっては、体の中に不思議な変化が起こったことであったり、別の信者にとっては、自分しか知らないことをいい当てられたりすることでした。

そこで、オウム真理教の宗教的世界観が一気にリアリティを持ち、その頂点にいる教祖に服従することが、求めていた答えを得る方法だと信じるようになるのです。

元信者で地下鉄サリン事件の実行犯の一人である広瀬《ひろせ》健一《けんいち》は、獄中《ごくちゅう》で書いた手記『学生の皆さまへ』において、「クンダリニーの覚醒」を体験したときのことを次のように記しています。なお、クンダリニーとはもともとはインドの哲学用語で、人体に存在する人間の根本的なエネルギーのことです。

クンダリニーは、胸まで上昇すると、胸いっぱいに広がりました。ヨガでいうチャクラ（体内の霊的器官とされる）の位置にくると広がるようでした。（中略）

「オウムは真実だ」

オウムの宗教的世界観が、一挙にリアリティーを帯びて感じられました。麻原をグル（修行を指導する師）として、解脱《げだつ》・悟《さと》りを目指すことが私の「生きる意味」であると確信しました。

（『学生の皆さまへ』）

広瀬は早稲田大学理工学部応用物理学科を首席で卒業、大学院で超電導の研究をして成果をあげ、大手電機企業への就職も決まっていたエリートでした。「なぜそのような人が『神秘体験』などというものに惹《ひ》かれるのか」という疑問を感じる人も多いでしょう。

しかし、**彼らは科学的な知識を追究してきたからこそ、神秘的なことに惹かれた**のです。科学で説明ができないことがあるのを知っていたからこそ、逆にそこに真実があると思ったのです。

その広瀬はのちに目が覚めて、オウム真理教の教義と教祖の神格を全否定するようになってから、次のように述べています。

人間の感覚は、決して常に真実を反映しているわけではありませんでした。神秘体験の心理状態は（中略）幻覚を真実と認識してしまうこともあるのです。（同前）

極限状況に追いやって思考を停止させる

信者は教祖を超越した能力を持つ絶対的存在と認めると、教祖の意思に自分を同一化することが「解脱」であり、教祖に与えられた無理難題を遂行《すいこう》するのはその修行であると思うようになりました。ここには、ミルグラムの実験で示された「権威への服従」の心理を見てとることができます。

私がおこなった、オウム真理教に入信していた経験のある76人を対象にした調査（「オウム真理教の犯罪行動についての社会心理学的分析」）では、**信者は例外なく、「教祖の意思決定に服従することが正しいと考えていた」**ことが明らかになりました。

教祖は信者に、身体や心理を極限状態に追い込んで修行することが、唯一の救済の条件としていました。

信者には多くの課題が与えられ、「早くやるんだ」と急《せ》かされ、睡眠時間は非常に短く、つねに疲労困憊《こんぱい》した状態にありました。四六時中、監視されていて、外出もままならず、外部の人と接触する機会もありませんでした。

外部の情報が完全に遮断《しゃだん》されていたということは、つまり、**他人と比べて自分を客観視することは不可能な状態に置かれていた**のです。

さらには、教祖をイメージしながら全身を床に擦《こす》りつけるような礼拝を8時間に1時間だけの休息で600時間連続して遂行する（つまり、1ヵ月ほぼ不眠でくり返す）、教祖の歌や短い文言のくり返しをエンドレステープで長時間聴きつづけるなど、非日常的で過《か》酷《こく》な行為も求められました。

修行と称して、30分以内で丸ごと2個の生キャベツを食べさせたり、自分の排泄《はいせつ》物を食べさせたりといった非常識な行為もおこなわれていたといいます。

肉体的にも精神的にも追い込まれていったのです。

恐怖心を植えつける

同時に、教義や教祖の意思に逆らうようなことをしたらどうなるか、という恐怖心も植えつけられていました。

前出の調査では、自分の考えを主張するようなことをすると、叱《しか》られたり、罰を与えられたりしたので、何も考えずにいわれたことをやるのが習慣だったという信者の姿が浮かび上がりました。

また、ハルマゲドン（もともとは聖書にもとづく言葉で「世界最終戦争」の意味）による人類破滅の恐怖もあったといいます。**神秘体験がリアリティを持っているからこそ、そのような恐怖もリアルに感じられた**のです。

元信者の広瀬は前出の手記において、信者の恐怖心について次のように述べています。なお、文中の「悪業《あくごう》」とは、教義に反する行為の一切を指します。

恐怖心を喚起《かんき》する思想も極めて有害です。（中略）信徒の心理において、苦界《くがい》へ転生する恐怖からの回避は無視できない要素なので、（中略）その恐怖のために、たとえ自身の生命や健康が損《そこな》われる事態に直面しても、悪業となる行為はまったくできません。（中略）オウムの信徒には、同様に、悪業を為《な》すことに強い抵抗を感じる者が多数いました。

（同前）

実際に、その恐怖にとらわれていた広瀬は、地下鉄サリン事件で自らがサリン中毒になっても、その経緯を話すことは悪業になるので、治療が遅れても耐えていたり、逮捕後も弁護士に事件について相談することが悪業になるので、取り調べで自らを不利な立場に追いやったりしていました。

〝予言〟をわざと外して無差別テロへ暴走

１９９０年、オウム真理教は麻原を党首として「真理党」を立ち上げ、教団幹部ら25人が第39回衆議院議員選挙に出馬、結果は全員落選でした。

私は、これは**「認知的不協和」の状況をわざとつくったのではないかと思っています。**

「認知的不協和」とは、『予言がはずれるとき』という著書もあるアメリカの心理学者、レオン・フェスティンガーがとなえた理論です。

フェスティンガーは、教義になっている予言が外れた宗教集団を観察しました。すると、集団は拠《よ》りどころを失くしてもおかしくない状況なのに、かえって活動を活発化して、教義の辻褄《つじつま》合わせをしたのです。

麻原は、総選挙で全員が落選するという状況、つまり、救済者であるはずの自分たちが選ばれないという矛盾《むじゅん》をつくって、「ヴァジラヤーナの救済」をする理由に結びつけたのではないかと思います。

「ヴァジラヤーナの救済」とは、オウム真理教の教義では、「汚れた現代人が苦界に落ちる前に、殺害して救済すること」です。

これでオウム真理教は、地下鉄サリン事件という無差別大量殺人への道に突っ走ったのです。

こうしてみると、オウム真理教の内部では、極限状況と恐怖で絶対服従が強《し》いられていたことがうかがわれますが、その一方、信者の心の中では、修行することで救済者になるのだという優越意識や誇りも芽生えていました。

教団内では教義そのものが現実として成立していました。信者はそのような環境に没《ぼっ》入《にゅう》していくうちに、**一般社会の常識を麻痺《まひ》させ、犯罪行動への抵抗感も鈍《にぶ》くなっていった**と考えられます。

さらに、最初の頃は権威への服従であっても、ひとたび犯罪に関与してしまうと、服従しなければ殺されるといった恐怖によって支配されてしまったと思われます。

私は井上嘉浩《いのうえよしひろ》、広瀬健一、豊田亨《とよだとおる》、端本悟《はしもとさとる》などの法廷への「意見書」や「鑑定書」で次のように述べました。

そもそも人はいろいろな信念を抱いている。その中には善悪の規範基準になる信念も含まれる。これらの信念は、親、教師、友人、知人などと相互作用を行いながら獲得され、社会的な共通性ができあがっている。しかし、形成された信念がどうして「よい」とか「悪い」といえるかの判断基準は、所属する社会における暗黙の価値観に左右されるものであり、個人が所属意識をもって参照する社会集団によって左右される。

死刑執行で失われたＩＳテロ抑止の糸口

２０１８年7月、死刑が確定していた麻原以下13人の死刑が執行されました。

マインド・コントロールについては、ＩＳのテロリストについても同じであるということが最近わかってきて、その対策を立てる参考として、国連もオウムの事例に注目していました。実際に私も国連安全保障理事会テロ対策研究パートナーとして、オウムの研究要請を受け取っていました。

国際的にテロリズムが激化しているなか、若者がテロリスト集団に惹かれるのを防止する方法、またテロリスト集団からの脱出を手助けし、その後の心の武装を解く方法を探すにあたって、信者の体験は非常に貴重な意味を持つはずでした。

彼らには語ってもらわなければならないことがたくさんありました。心理学的な調査もされず死刑が執行されたことは非常に残念です。

A教団のマインド・コントロール

ここでもうひとつ、大規模なカルトによるマインド・コントロールの例として、A教団を挙げておきます。

世間に横行する詐欺《さぎ》や、オウム真理教との手口の共通点に特に注意して見ていきましょう。**マインド・コントロールに用いられている技術は、詐欺の手口のオンパレードである**ことがよくわかると思います。

A教団はキリスト教の一派を名乗る新興宗教で、本部はソウルにあります。世界で信者数は３００万人、日本国内で47万人といわれています。日本では１９５８年に活動を開始しました。

教祖の絶対的崇拝を強いるところはオウム真理教と同じです。

伝道の手法としては、まず勧誘者をターゲットに近づかせます。勧誘者は親切なやさしい人をよそおい、ターゲットを褒《ほ》めまくり、断りにくい雰囲気をつくります。そして、ターゲットの内面にある悩みや弱みをあぶり出します。

この入り口の部分では、最初のハードルを低くする「ローボール商法」、親切な顔をして接近する、褒めていい気分にさせる、断りにくくする「返報性の原理」、悩みや弱みにつけ込む、といった騙《だま》しの定番テクニックが使われています。

A教団では、それから「ビデオセンター」と呼ばれる研修所に通わせたり、合宿や通いで自己啓発をよそおったセミナーに参加させたりして、教義をターゲットの心に浸透させていきます。

その間には、ターゲット個人が抱える問題が教義で解決できることを示します。「こちらに答えがある」と示すのは、オウム真理教と同じです。

こうして時間をかけて「いままでの自分ではいけない」「自分を変えたい」気持ちを高めて、ビリーフ・システムの入れ替えをはかっていきます。

教義を魅力的に思わせるために、

・セミナーの講師を「偉大な先生」と紹介する
・内集団で盛り上がる雰囲気をつくる
・外集団と接触できないようにする
・参加者同士だけで会話をするのを禁じる
など、権威の力、集団の力、状況の力がさまざまに用いられます。

入信後は、マインド・コントロールによる次のような支配がつづきます。
・自由を拘束《こうそく》する（自由時間を与えない、会社や学校をやめさせる、財産を寄付させるなど）
・肉体疲労を与える（睡眠時間を削って過酷な伝道や資金調達活動をさせるなど）
・外部と接触させない（自宅を離れて共同施設で生活させるなど）
・アメとムチを使い分ける（目標を達成するとみんなの前で褒められたり、プレゼントが与えられたりするが、達成できないと叱責《しっせき》され、過酷な修行などの罰が与えられる）
・切迫感を与える（世界の終わりが近いことを強調して、人間が神に協力できるのはいましかないと信じ込ませる）

こうしたテクニックがじつに巧みにとり混ぜられて、支配が強化されていきます。

Ａ教団の場合はほかに、異性への感情を抑制することが加わり、教団が決めた相手と結婚することが求められますが、その特殊な点を除けば、マインド・コントロールのテクニックとプロセスはオウム真理教とほぼ同じです。

このように一度、ふとしたきっかけでカルトという内集団に取り込まれると、長期的に支配されることになります。社会心理学まがいのテクニックが使われているので、抗《あらが》うことは非常に困難です。

2「尼崎連続変死事件」にみる個人カルト

普通の人たちが殺人に加担

マインド・コントロールは、破壊的カルトなどの組織だけでおこなわれるものではありません。小さい集団や個人でもありえます。「個人カルト」と呼んでもいいでしょう。

ここでは代表的な例として、「尼崎連続変死事件」を取り上げます。一人の人間によってまったく無関係の人々が取り込まれ、支配された非常に悲惨《ひさん》な事件です。

簡単に事件を整理しておきます。

2011年11月、1人の女性の遺体がドラム缶にコンクリート詰めされているのが発見されたのをきっかけに、11人の方が殺害されていたことがわかりました。

主犯である角田美代子《すみだみよこ》（以下、美代子）は25年以上にわたり、まったく血縁のない複数の家庭に因縁《いんねん》とも呼べないようないいがかりをつけて入り込み、金を吸い上げ、自分の支配下に取り込んで、「疑似家族」のような共同生活を強いていました。

その間、乗っ取られた家庭は、家族関係が崩壊し、親族間で暴力・監禁・虐待《ぎゃくたい》などをおこなうよう仕向けられました。殺人に関与したとして起訴《きそ》されたのは、美代子を含め11人にのぼります。

尼崎のごくありふれたマンションの一室で、かなりの人数が一緒に住み、さまざまな陰《いん》惨《さん》な行為が、美代子の直接的・間接的な指示のもと、しばしば親族間でおこなわれていたのです。

この衝撃的な事件は世間には「異常」「奇怪」と映りました。その反応は当然でしょう。でも、殺害に加担していたのは、美代子に取り込まれるまでは、ごく普通の人たちでした。

思春期の少女のコンプレックスにつけ込む

その中のひとり、角田瑠衣《るい》（以下、瑠衣）のことをお話ししましょう。私は彼女の心理鑑定をおこないました。

姓が「角田」なのは、美代子の息子と結婚して義理の娘になっていたからです。

瑠衣は１９８５年、高松市に生まれました。家族は両親と姉の４人家族で、父親は保険の代理店を経営していました。生活には余裕があり、一戸建ての瀟洒《しょうしゃ》な洋風の家に住み、家族でハワイ旅行もするような恵まれた環境でした。

瑠衣は勉強もスポーツもよくできて、子供時代はピアノやそろばんなどの習い事に通い、中学ではバスケットボール部の活動に励む一方、学年で1番の成績をとったこともありました。県内屈指《くっし》の進学校に入学、サッカー部のマネージャーをつとめていました。

そんな高校生活を送っていた２００３年、美代子が親戚関係をたどるようにして乗り込んできました。

美代子は一家を崩壊させるべく、それぞれが抱える小さな心の闇に食い込んでいきます。瑠衣の場合は、「姉のほうがかわいがられている」「母や姉は私を見下しているのではないか」というコンプレックスを持っていました。

美代子はそんな瑠衣に、最初は理解者の顔をして近づきます。瑠衣は公判で次のように述べています。（以下、公判の発言は神戸新聞NEXT「尼崎連続変死事件公判」を参照しました）

「母親や姉には共感してもらえなかったことを、美代子は褒めて『ええな』と話を聞いてくれました。例えば、『星がすごいきれいに見えるとこやな、ええとこ住んでんな』と言われて、母親には私が流星群を見てる時でも『寒いから入ってきたら』と言われたんですけど、それが美代子には『ええな』と言われました」

（神戸新聞NEXT2014年10月14日付）

日頃から気になっていたことをわかってもらえて、瑠衣は警戒心《けいかい》を解き、自分のほうから美代子に懐《なつ》いていきました。

このように、はじまりは非常に些細《ささい》なことだったのです。そもそも瑠衣の持っているコンプレックスもありふれたもので、なんら特別なものではありません。思春期に同じように感じたことのある人も多いのではないでしょうか。

その一方で、美代子は母親を暴力で追い詰め、瑠衣の前で「瑠衣はいらない子だったんです」「妊娠したから産んだだけです」といわせ、瑠衣が母親に対して抱いていた反感を決定的にしました。

こうして**家族を対立させて、溝《みぞ》を深めた**のです。

瑠衣は実の家族よりも美代子を慕《した》い、みずからその子供になりたいと願うようになります。

「私自身、美代子に出会ってから自分で美代子を選んで、自分のお母さんになってほしいという気持ちでついて行った。母親がそばにいると、どうしても邪魔な存在になって、いつまでも美代子に受け入れてもらえない。母親がいなくなってほしいという気持ちでいた」

（同2015年9月2日付）

「自分の中で美代子についていくことを選んでからは、元の家族が何をやっても、嫌っ

て悪い方に見るという見方しかしていませんでした」（同2015年9月10日付）

こうして瑠衣は、美代子やその他の疑似家族のメンバーと一緒になって、母親と姉を虐待するようになり、死に至らしめるのです（父親は母親と離婚させられ、逃げることができました）。

心をからめとられ、支配された10年間

瑠衣は17～27歳までの10年間、美代子のそばにいて、マインド・コントロール下にありました。美代子を「お母さん」と慕い、美代子のいうことにはなんでも従い、**虐待や暴力、監禁などで人を傷つけることにも、人が死ぬことにも、抵抗感を抱かないビリーフ・システムを否応《いやおう》なしに身につけさせられました。**

実の母親にも暴力を振るい、亡くなったときも「悲しくなかった」「（母親が意識不明になるほど暴力を振るった別の被告に）感謝した」と述べています。

また、監禁、絶食の末に実の姉が衰弱死《すいじゃくし》した過程にも瑠衣は積極的に参加して、暴力を振るったり、虐待の道具をみずから提案したり、監禁されている様子を撮影したりしてい

ました。

瑠衣はこれらの事実を公判でみずから語っています。

逮捕されたのは２０１２年８月でした（そのときは年金窃盗《せっとう》容疑）。そして、10月には瑠衣は自供をはじめました。「（美代子の指示によるものではなく）自分がこう思ってる、と言ったのは初めてだったので、自供した後が怖かった」と述べています。

取調官が根気強く、話を聞いてくれたことで、少しずつ心を開くようになった瑠衣は美代子を頂点とする異様な集団生活を詳細に語り、その年の12月に留置場で主犯格の美代子が自殺した後、事件の解明に大きく貢献しました。

その発言からは、**美代子がアメとムチを巧みに使い分けていたこと**がうかがわれます。「怒りやすく、怒ったらしつこく、ひどいことを平気でできる」美代子は、暴力を振るい、お互いに振るわせるように仕向ける一方で、疑似家族には次のような側面も見せていました。

「（美代子は）お母さんらしいことをするし、そういう時は楽しそうに、幸せそうにしているのが好きでした」

「台所に立つのが好きで、料理もしてくれたし、行事もたくさんしてくれて、（疑似家族の）誰の誕生日の時もできる限りちゃんとお祝いしていました」

（同2015年10月14日付）

また、次の発言からは、支配と愛情が入り混じっていたこともうかがわれます。

「（美代子は）奴隷《どれい》を従えるように、恐怖で（相手が）ひれ伏してそれを喜んでいるのではなくて、結果的にはいつもそうなるけど、それを嫌がっているのも美代子でした。好きで慕ってくれるというのを求めていたように思うし、お世話してる、面倒を見てるという上下のつながりを求めていました。勝手だと思うけど、それに対してちゃんと相手が感謝してくれないと気が済まなくて怒って手が出てしまう」

（同2015年10月21日付）

美代子は絶対的な独裁者であり、周囲はみずから考えることなく、むしろ進んで服従していたようです。これはミルグラムの実験でも示された、権威への服従の構図といえるでしょう。瑠衣はこう述べています。

「美代子が決めてくれないと困るというか……。一番いい知恵を持っているのは美代子で、（中略）知恵を出すのも美代子。美代子を頼って、こっちから『教えて』『決めて』と言っていた面もあるので、一概に全てを押し付けられて嫌なことだけしていたという と、悪い気がします」（同前）

「こう思う、こうしたいと言って、それが美代子の価値観とずれてると怒られるので、私は自分が食べるメニューを選ぶ時は『どれがいいと思う？』と聞いて、髪切りに行く時でも『どんなんがええ？』と聞いていました」（同２０１５年９月２日付）

美代子に支配され、美代子に依存していた瑠衣は、逮捕当初は被害者への贖罪《しょくざい》の気持ちはなかったといいます。しかし、取調官の真摯《しんし》な対応を受けるあいだに、自分が非情で欠けている部分があると気づいたようです。

公判前に留置場内で自殺した美代子を「卑怯《ひきょう》」といいつつ、自分が自供をはじめたことで追い込んだのかと気遣う。悲しくて泣き、よかった思い出もあったと、相反する気持ちを語った瑠衣。マインド・コントロールから抜け出すのは非常に難しいのです。

「分断」「非人間化」で家族をバラバラに

私は瑠衣の心理鑑定をおこない、鑑定人として尋問に答えました。多くの方が疑問に思う部分と重なると思うので、その内容をまとめましょう。

まず、美代子が家族を乗っ取る戦略には**「2つに分けて、片方を取り入れる」というやり方**がありました。第1章で述べた「分類」を発展させ「分断」したのです。

美代子と最初に会ったとき、瑠衣は17歳でした。美代子はおそらく経験を通して、コンプレックスを抱えやすく、姉妹がいがみ合うことが多い年齢であることを知っていて、姉と瑠衣のあいだに葛藤《かっとう》を見出せると思ったのでしょう。

美代子がターゲットに瑠衣を選んだ理由は、親との関係です。実際、彼女は母親に対して不満を持っていましたし、年齢も若く、扱いやすかったのです。

だからといって、実の家族を捨ててマインド・コントロールされるような環境だったのかという疑問を持つ人は多いでしょう。

しかし、想像していただきたいのですが、もし自分が17歳のとき、まだ世の中のこともよくわからない年齢のときに、そういう特殊な環境に置かれたとしたら、常識的な行動がとれるでしょうか。彼女は美代子の指示で高校も中退し、角田家以外の関係はすべて断ち切られました。**戦時中に監禁されるのと同じような状況**でしょう。

また、美代子は、第1章で触れた「**非人間化**」もおこないました。つまり、攻撃を与える対象を家畜同然に貶《おとし》めることで罪悪感がわかないようにさせたのです。

瑠衣の場合は、**実の親を汚らわしく思わせることで、「こんなの人じゃないんだから、攻撃してもいいんだ」という気持ちを植えつけた**のです。

それだけ美代子には説得力があったのです。誰も彼女のいうことには「すみません」ということしかできなかったし、誰も逆らえませんでした。納得できる部分があったのです。

信じていたものの否定はアイデンティティ崩壊に

疑似家族の集団生活に取り込まれた人のなかには、逃げ出せた人もいました。裁判官からは、逃げ出せた人と逃げ出さずにいた人との違いについても尋ねられました。

人は、**長期にわたって回避困難なストレス下に置かれると、逃げる努力もしなくなります。**せめて「怒られないようにしよう」というように、ストレスを増やさないことのほう

が大事になります。これを「学習性無力感」といいます。

逃げ出せた人たちは命がけで勝負に出たわけですが、失敗して逃げられないことも多いのです。そして捕まると、とても酷《ひど》くつらい罰を受けます。

瑠衣の場合は、褒めてくれた、居場所を与えてくれたという、最初の心理操作の効果が大きかったために、「ここにいたほうが幸せ」「ここにいるしかない」というポジティブな感情も誘発されていました。

瑠衣は事件後も美代子を否定しきれていないのではないかという声もありました。それも、マインド・コントロール下におけるふたりの絆《きずな》を考えれば無理のないことでしょう。**すべてを否定すると、自分のアイデンティティが崩壊する危機を感じているの**です。瑠衣に限らず、不安な状況で、敬愛してはいけない対象を敬愛してしまうのはよくあることです。

その後遺症は時間をかけて解消していくしかありません。なにしろ瑠衣の場合は、17〜27歳という人格形成の重大な時期をマインド・コントロール下で過ごしてきたのです。

マインド・コントロール支配の深い闇

２０１６年2月、瑠衣に懲役23年（求刑懲役30年）の判決が下されました。

量刑の決定にあたっては、３件の殺人を含む９つの罪に共犯として加担したとしつつ、虐待が日常的におこなわれる異常な生活のなかでマインド・コントロールを受けていたという特殊な状況、公判では事実関係を供述して真相解明に貢献した点は考慮されました。

判決前に「私がどういう状態になっていたとしても、被害者には関係ない」「被害者や遺族の方々の苦しみと同じだけ、厳正な処罰をお願いします」と語っていた瑠衣は、控訴しませんでした。

公判で瑠衣は、母親については「（「いらない子だった」という母の言葉も）今思うと、美代子が言わせてた」、姉については「姉が身代わりになって自分をかばってくれた」「申し訳ない」「姉のことを考えることが一番多い」「姉を犠牲《ぎせい》にして生き残った」と語るようになっていました。

美代子から逃げて潜伏《せんぷく》生活をつづけながら、家族を取り戻そうとしていた瑠衣の父親は、判決についてこうコメントしました。

「判決については、厳粛《げんしゅく》に受け止めたいと思います。ただ瑠衣は、まだ高校生のころ角田美代子らに取り込まれ、常識では考えられない環境での生活を余儀《よぎ》なくされ、一連の事件に巻き込まれていったのです。そのような実態を、裁判所は考慮してほしかったと思います。（中略）捜査機関がもっと早くわれわれの訴えに耳を傾けてくれていれば、これほど多くの被害者は出なかったと思うと、本当に悔しい思いがしてなりません」

（同２０１６年2月12日付）

家族間の揉《も》め事は民事紛争とされるため、「民事不介入」の立場をとる警察は介入しないことがほとんどです。ましてマインド・コントロールで支配された人は、強制ではなく「自らの意思で」支配下にとどまろうとしているように見えてしまいます。

個人カルトともいうべきこうした支配を解決することは、非常な困難をともなうといわざるを得ません。

エピローグ　自分を見失わないために

「正しい」「誤り」がわからない時代

いまの日本は、何が正しくて何が誤りなのかわからない時代になっているように感じます。お金ですべてが解決できる気がした軽薄時代、そのバブルが崩壊してからの迷走時代を経て、今日の混沌《こんとん》時代にいたるまで、さまざまな価値観が崩壊していきました。

モデルもなければ、過去からの学びもなく、頼れるもの、共通項になるものが新たに構築されることもありません。いわば生きるうえでの道しるべがない状態です。

一方、インターネットの普及とともに情報が洪水のようにあふれかえり、私たちを取り囲んでいます。膨大すぎる情報をひとつひとつ吟味《ぎんみ》することは不可能で、どれが正しいかの判断もなかなかつきません。

私たちは他人を横目で見て、お互いの動向をチェックしあいながら、情報の海の中を漂って生きているようです。

「いいね」の数で決まる善悪

そこに登場したSNSは、ある意味ではわかりやすく便利なツールでした。

物理的労力はほとんど使わず、バーチャルな〝社会〟が次々と生まれます。何かを軸に人々が集まり、フォローしたり、されたりして、「いいね」をつけあいます。

「いいね」がつくと、その〝社会〟で共感された、支持された、と手っ取り早く自己承認欲求が満たされます。自分の意見がたくさんの人に支持されれば、「自分は正しい、これでいいんだ」という感覚になります。

「正しい」「誤り」がわからない時代、多くの人が生きづらさを感じている時代に、「これでいいんだ」という安心感が得られれば、生きていくのがとてもラクになります。


いってみれば、**善悪の基準は「いいね」の数になったかのようです。「いいね」がたくさん得られたものが「正しい」**のです。

「いいね」がほしいため、過激なことをいったりもします。「そうだ！　そうだ！」と煽《あお》られたら、根拠のない出まかせも飛び出します。暴走するのです。

その暴走にさらに拍車をかけるのが「リツイート」や「シェア」です。少し前に危険運転による交通事故があり、「家族が責任をとるべきだ」と、加害者の家族情報が流されたことがありました。いまふうにいえば「晒《さら》された」のです。リツイートに次ぐリツイートで、その情報はどんどん拡散されました。

でも、それが人違いだったのです。だからといって誰か責任をとるのでしょうか。誰もとりません。「最初のヤツがちゃんと確認したんだろう」といって、みんなスッと逃げていきます。匿名性《とくめいせい》のなせるわざです。しかし、リツイートした人は名誉毀損《きそん》の加担者です。

SNSの社会において、「いいね」の数で瞬間的に生まれた正しさの基準はあぶくのようなもので、次の瞬間には消えていきます。

「騙されるほうが悪い」という風潮も

振り込め詐欺《さぎ》、いわゆる「オレオレ詐欺」が後を絶たないのも、このような社会状況が背景にあります。

善悪の基準がない、つまりやっていいこととやってはいけないことの判断基準が曖昧《あいまい》な社会で、犯人は「こんなに簡単に人って騙《だま》せるんだ、やれるものなら俺もやろう」程度の軽いノリで、この犯罪に手を染めていきます。

彼らは、ゲーム感覚で楽しんでいるか、会社員になるのと同じ気分で振り込め詐欺グループに入ります。「受け子」などの下っ端になるのは、小遣いがほしい若者や高齢者で、犯罪に加担している意識すら希薄です。

そこにあるのは、「自分だけが成功すればいい」という個人勝利主義です。うまくやったもん勝ちという考え方が広まっているのでしょう。その感覚が高じて、「騙されるほうが悪い」「騙されるほうがバカ」と考える人まで出てきています。

モラルの低下した現代は、振り込め詐欺だけでなく、人の弱みにつけこんで、心を操り、ひと儲けしようとする詐欺や悪質商法、個人カルトが横行しています。

そこで用いられている手法は、破壊的カルトのように複合的ではないにしても、マインド・コントロールに通じています。人の心を支配して搾取《さくしゅ》しようとたくらむ悪党は多く、大小さまざまなマインド・コントロールがおこなわれているのです。

心の脆《もろ》さは誰にでもあります。真面目さや優しさにつけこまれることもあります。

こういったことを踏まえて、「私は大丈夫」とは思わず十分注意してください。

支配欲は誰の心の中にもある

詐欺や騙しほどではなくとも、他人を支配したい、相手を意のままに操りたいという欲求は誰にもあります。

会社組織の中では、上司は部下に指示し、褒めたり権限を与えたりして、部下のやる気を引き出し、業務を遂行《すいこう》しようとします。部下は、評価されれば喜びややりがいを感じ、至らない点があれば修正しつつ、上司の指示に従います。そうした上下関係が真っ当に機能している限りは、特に問題はありません。

しかし、上司が部下を怒鳴ったり、パワハラをするなどして、過重労働や違法行為を強《し》いる場合は別です。上司は権限を利用して部下を支配し、服従させようとしていることになります。

権威者に反抗したことがない素直な人、NOといえない気弱な人は、それに飲み込まれがちです。近年ブラック企業が話題になっていますが、無理難題や非人間的な労働環境を黙《だま》って受け入れてしまう人が増えているように感じます。

一方、部下のほうにも変化が起こることがあります。上司を崇拝《すうはい》して盲従《もうじゅう》したり、与えられた権限でほかの人を支配することに喜びを覚えてしまったりします。

これまでは頭が上がらなかった先輩に指示したり、下請業者に無茶な要求をしたりするかもしれません。本来は被害者だった人が、加害者になるのです。第4章のジンバルドーの実験のように、**実際に相手が思いどおりになるのがわかると、人はその環境にすぐ慣れ**

ていきます。

外からわかりにくい家庭内の支配関係

家庭の中やパートナーとの関係においても支配はあります。ＤＶがそうでしょう。**支配行動のはじまりは、よくある些細《ささい》なものかもしれません。**たとえば、相手がどこで何をしているのか、誰と一緒なのかを知りたがるといったことは、愛する気持ちゆえとも考えられます。やきもちを焼かれるのも、最初はうれしく思えたりするかもしれません。

でも、それがエスカレートして、つねに報告を求めたり、携帯電話の着信履歴やメールをチェックしたりするようになったら束縛《そくばく》です。

デートでどこに行くか、何をするかを決めるようなときも、勝手にどんどん決める人は、最初は「リードしてくれる」「頼もしい」と見えるかもしれません。が、相手の好みや気持ちをまったく顧《かえり》みないようであれば、いずれ問題が起きることもあります。

そういう人は往々にして、**相手が思いどおりにならないと害をおよぼすようになるから**です。

ＤＶには身体的な暴力のほか、ものを壊したり暴言を吐《は》いたり、長時間わざと無視して不安にさせたりする精神的な暴力もあります。ＳＮＳで誹謗中傷《ひぼうちゅうしょう》することもＤＶに当たります。

ＤＶは、いずれも相手を所有して支配したいという欲求のあらわれです。家族間の出来事は外部からはわかりにくく、表沙汰《おもてざた》にならないまま、どんどん深刻化する危険性があります。

また、ＤＶまでいかなくとも、支配と服従の関係にあるカップルは少なくありません。支配されやすいのは、相手に依存する傾向のある人です。何についても「任せておけば、なんでも決めてくれるからラクでいい」という人は、自分で意識していなくても支配されています。

本人が幸せならそれでいいともいえますが、エスカレートして「私が自分の意見をいったら怒るから」「怒り出したら面倒だから」ということになればどうでしょうか。

相手を怒らせると怖いから、その怖さから逃れるために指示に従う。こうした態度は支配者への服従にほかなりません。

ラクになる代わりに失うのは「自由」です。

近年は家庭内ＤＶから妻が夫の行為に加担、あるいは容認して、児童虐待となる事件の報道をよく目にします。

社会にあふれるマインド・コントロール

マインド・コントロールは社会全体におよぶこともあります。

太平洋戦争下の日本社会の例はすでに挙げたとおりです。情報は統制され、総力戦を戦うべく、国民は総動員されました。このとき、国民はファシズム的な軍国主義の下で、実質的にマインド・コントロールされていたといえます。

そうした**全体主義思想による支配は、まさに破壊的カルトがやろうとしていることと同じです。**

社会心理学者のエーリッヒ・フロムは、著書『自由からの逃走』（東京創元社）で、全体主義（ナチズム）が台頭した１９３０年代のドイツの人々の不安を分析しました。それによると、人々は不安を解消するために、自らの自由を放棄し、強力な権威者に絶対的支配をされることを求めます。

そうした人々の性格は「権威主義的パーソナリティ」と呼ばれます。**強者への服従、弱者への攻撃、白か黒かといったステレオタイプ的判断、因襲主義など**が特徴とされています。

その後も多くの研究がおこなわれ、これらに共通する特徴として、**「思考の固さ」**（状況が変わってもなかなか思考パターンを変えないこと）、そして**「曖昧《あいまい》な状況に対する寛容性のなさ」**（判断がつきにくい状況に置かれると不安感や焦燥《しょうそう》感に襲われること）が浮かび上がってきました。

今日の心理学では、これらは個人の特質として扱われることが多くなっています。

しかし私は、**現代人は**全体としてこういった傾向に向かっていると考えています。つまり、**全体主義的傾向が潜《ひそ》んでいるのではないか**ということです。

曖昧な状況に対する寛容性が低い、つまり不安定や不確実な状況に耐えられないのは、現代の教育システムにも原因があります。

すべての問題に「正答」があり、教育の目標はその「正答」を探させ、覚えさせることとされます。歴史や小説や詩でも、そのようなパターンで教え込まれます。そして、一度、教師から「正答」を与えられたら、それ以上、自分で考えません。

人生をいかに生きるかというようなテーマに安直な答えはないのですが、そのような教育を受けてきた人たちは数学の問題を解くように、すぐに答えを得ようとします。

科学的に解明できなければ、霊界や超能力といった神秘性がにわかに魅力的に見えてきます。オウム真理教のような破壊的カルトに惹《ひ》かれる人が後を絶たないのは、こういった社会全体の傾向が背景にあります。

現代の日本は、自分で考えないでいい、ラクな社会になっていないでしょうか。

内輪の集団でアイデンティティを持つことができれば、居場所ができて安心ですし、その中で自己肯定感も得られます。全体主義的な企業や学校では上司や教師、部活動の顧問などに従い、コミュニティでは周囲に合わせていれば、ぶつかることもなく、ものごとは効率よく進んでいくでしょう。

しかし、それは見方を変えれば、支配されているともいえるでしょう。**安心感の代わりに自由や人権を失っている**のかもしれません。

いまはそういう時代です。**支配されやすくなっているのです。**

人に支配されず、自分の自由を守るために、どうか安易に得られる答えに飛びつかないでください。自分で考える姿勢を放棄しないことが大切です。

支配から自分を守る10の方法

マインド・コントロールの受けやすさには、タイミングが深く関係しています。何かに悩んでいたり、不安だったり、ものごとに失敗したり、ものごとがうまく運んでいなかったりするときは特に注意して、自分の判断力を過信しないように気をつけてください。

最後に、これまで述べてきたことを踏まえて、マインド・コントロール、心の支配に対抗する手段を具体的に挙げておきましょう。ジンバルドーとアンダーソンによる、自分が望まない社会的影響力に抵抗するための提言をもとにしています。

▼1　つねに誠実でなくてもよい

律儀であるのは基本的には悪いことではありませんが、そうでなくていいときもあります。時と場合によっては、行動が一貫していなくてもいいのです。「ちゃんとしていないと相手に悪い」「きちんと対応しよう」「信頼される人であろう」といつも思う必要はありません。関わると危険だと感じる相手との約束は破ってもいいのです。

▼2　相手の誘いを断ってもいい

人は、つい格好をつけて、あるいは自分をよく見せようとして、相手の誘いを断れなくなることがあるものです。おかしいと気がついたら、途中からでも「思っていたのと違いました」「すみません」といって、すぐにその場を離れましょう。

▼3　答えをすぐに出さなくていい

すぐに決められないときは、答えを迫られても保留にしましょう。答えを保留するのを、カッコ悪いとか、恥ずかしいとか思わないことです。信頼できる人に公正な意見を聞いたり、インターネットなどで信頼できる情報を複数確認したりしてから行動しましょう。

▼4　知らないことを恥じなくていい

知ったかぶりをしないようにしましょう。「こんなことも知らないの？」「君なら知っていると思うけど」というような煽りやお世辞に乗ってはいけません。理解できるように説明してもらいます。恥ずかしいことではありません。

▼5　難しい問題には正解はないと心得る

個人の人生や人間関係、経済や政治、国際問題まで、特に深く考えていることがあるときに、他人から与えられた解答で、パッと視野が開けるような気がしたら要注意です。「複雑な問題に単純で明快な解答など絶対にない」と覚えておきましょう。

▼6　すぐに親しくなろうとする相手に注意する

愛情や友情、信頼などは時間をかけてつくり上げていくものです。会ってすぐにそういう気持ちを示してくる相手には注意しましょう。

▼7　おかしいと感じたら全力でその場から逃げ出す

なんだか雰囲気があやしい、拘束《こうそく》されているように感じる状況になったら、すぐにその場を離れましょう。「これまで払った会費がもったいない」「逃げ出すようなことをしたらカッコ悪い」「せっかく来たんだから」などと思わないこと。その場を離れるときに多少いざこざがあってもひるまないことです。金銭、自尊心、時間、労力などにおいて、短期的に小さな損失をこうむることになっても、長期的に支配されることによって生じうるトータルの損失に比べれば大した問題ではありません。

▼8　他人に依存しないで自分で考える

他人に依存していないか、振り返ってみましょう。どのような対人関係でも、「あの人がいないとやっていけない」「とにかくあの人のいうとおりにしておけばいい」という状況になっていないか、気をつけましょう。

▼9　従うことに慣れてはいけない

役割関係、制服、権威の象徴、規則、見かけの合意、義務、約束など、従わなければならない状況を無頓着《むとんちゃく》に受け入れていないか、当たり前だと思っていないかを自問しましょう。拘束に敏感になることを心がけてみましょう。

▼10　できる限り情報を集める

どこかしっくりこない内容の話や、自分の知らないところでできあがっている他者の合意、一方的な権威の押しつけなど、ひっかかりを感じる状況を受け入れてしまわないように注意しましょう。うまい話ほど、まやかしではないかと疑うようにします。そういう感覚を持ったら、その場では判断せず、インターネットで調べたり、人に話を聞いたりして、まず情報を集めましょう。

どうか、自分の身は自分で守ってください。

人の心は脆《もろ》くて揺れやすいものです。弱みにつけ込まれると操られてしまうし、あるいは何かの拍子で操ってしまう側にもなりかねないのです。

支配したい心理、支配されてラクになりたい心理は、誰にでもあります。

人はそれになかなか気づくことができません。でも、それが暴走すると個人のレベルでも、社会のレベルでも、大変なことが起こり得ます。

自分を見失わないよう、他人に自分を任せないよう、コントロールする力をつけてください。本書がそのきっかけになれば幸いです。

あとがき

私が、他人の心を巧みに誘導して支配するというマインド・コントロールの研究に従事するようになってから、四半世紀が過ぎました。その頃の私は、まだ研究者としては駆け出しでした。専門とする社会心理学では、誰も研究していなかったこの現象は、見つめるほどに興味深くなり、今にいたるまでずっと、研究の中心から離れることはありませんでした。

きっかけになったのは、ある宗教団体が人々を「洗脳」しているといったセンセーショナルな噂《うわさ》を知ったことでした。その数年後、未曾有《みぞう》の大惨事《だいさんじ》となった地下鉄サリン事件をはじめとする一連の「オウム真理教事件」では、専門家として法廷証人となりました。その件数は10ケースになり、およそ20年間、関わりました。

その間には、宗教やスピリチュアルな団体や個人に騙《だま》されて金銭や虐待《ぎゃくたい》的な被害に遭《あ》ったケースが後を絶たず、また電話一本で詐欺《さぎ》被害に遭うという「振り込め詐欺」や悪質な心理誘導による消費者被害が横行しました。

そのような被害に遭われた人々の心理的な推移を理解したいというニーズに、私は社会心理学の知見や自らのマインド・コントロール研究を用いて応《こた》えてまいりました。

しかし、私の関心の原点は、じつは別のところにありました。

私たちがふだん、正しい、あるいは誤りだと信じていることを疑問に思わないでいる自分の知識あるいは信念は、どう形成され、どう揺らぎ、どう共有されているのか。この「正しい」と「誤り」は、どういった心理で判断できるのだろう。

はたまた、常識とはいったい何なのだろう、正義や道徳とは何なのであろう、世界の秩序はどこに向かっているのだろう、といったことでした。

たとえば、国際紛争やテロリズムの問題を考える際、双方の言い分に耳を傾けると、それぞれの主張に正義の認識があり、どちらが本当なのか、私にはよくわからなくなってしまいます。

また、人々の自由とか人権とかを擁護《ようご》しようとする一方で、カリスマ的なリーダーを英雄視して、自らそれらを放棄するような行為がくり返されています。

本当に複雑な世界に生きている私たちは、自分に都合のよい情報戦略やプロパガンダに動かされています。いっそのこと、自分の目や耳を覆ってしまって誰かに決定を任せたほうが、つまり支配されたほうがラクで間違いがないのでは、と考えてしまう人も多いのかもしれない。

そんな時代のなかで、私たちはどう対応すべきなのでしょうか。こんな現実を考えることが私の原点でした。

その問いに対して、いまも十分に答えられるものはありません。さらに、インターネットが日常ツールと化した現代社会では、さまざまな情報が非常に得やすくなった反面、洪水のごとくあふれ出てやまない情報の取捨選択を迫られ、私たちの混乱は増すばかりにも思えてきます。

一般に社会心理学は、たいへん真面目な学問で、特に、実験や経験者への直接調査を緻《ち》密《みつ》におこない、一貫した科学的な実証データを重んじています。厳しく自己検閲をすれば、本書にまとめたことは、批判に甘んじざるを得ないところも一部あります。

しかしながら、もはや私も還暦を目前にして、自分の研究環境の諸事情に鑑《かんが》みると、いつまでも地道な研究に精を出して、確かに言えることだけを論文や研究書にまとめるというのも時間的に難しいと思うようになりました。

ですから、私にしかできない社会心理学のアウトリーチとして、一般書に書かせてもらうことも意味がないわけではないと心得たのです。

ただ、死刑が執行されたオウム真理教の方々や、長期または短期の懲役刑を受けた方々からの得がたい証言の数々、元カルトの信者、誘拐・監禁の被害者、DV被害者、詐欺被害者やその家族の方々の貴重な体験など、本書ではごく一部にとどめて公開を控えた研究データも多々あります。

これらは、科学的客観性を重視する意味では、つぶさに公開するほうがよいのでしょうが、不測の影響に鑑みて、本書においては個人情報として扱い、あえてしない決定をしました。

どうか、本書の執筆の背後にそうした事情もあることをご理解いただきたいと思います。

擱筆《かくひつ》に及び、これまでの研究や本書出版にご協力いただいたすべての方々に、心より感謝の意を表します。

立正大学心理学部教授　西田《にしだ》公昭《きみあき》

著者略歴

一九六〇年、徳島県に生まれる。立正大学心理学部教授。博士（社会学）。国際連合安全保障理事会テロ対策研究パートナー。日本脱カルト協会代表理事。一九八四年、関西大学社会学部を卒業し、同大学大学院社会学研究科博士後期課程単位取得退学。スタンフォード大学客員研究員などを経て現職。カルト宗教のマインド・コントロールの研究や、詐欺・悪質商法の心理学研究の第一人者として、新聞やテレビなどでも活躍。オウム真理教事件や統一教会、尼崎連続変死事件など多数の裁判で、鑑定人および法廷証人として召喚される。

著書には『マインド・コントロールとは何か』（紀伊國屋書店）、『「信じるこころ」の科学』（サイエンス社）、『だましの手口』（PHP新書）、『マンガでわかる！高齢者詐欺対策マニュアル』（ディスカヴァー・トゥエンティワン）などがある。

なぜ、人《ひと》は操《あやつ》られ支配《しはい》されるのか

二〇一九年九月八日　第一刷発行

著者　西田《にしだ》公昭《きみあき》

発行者　古屋信吾

発行所　株式会社さくら舎　http://www.sakurasha.com

東京都千代田区富士見一-二-一一　〒一〇二-〇〇七一

電話　営業　〇三-五二一一-六五三三　FAX　〇三-五二一一-六四八一

編集　〇三-五二一一-六四八〇　振替　〇〇一九〇-八-四〇二〇六〇

装丁　アルビレオ

写真　plainpicture／アフロ

印刷・製本　中央精版印刷株式会社

ISBN978-4-86581-213-8